Carola Ruff
Perserkatzen

Carola Ruff

Perserkatzen

Verlagsgesellschaft Rudolf Müller
Köln-Braunsfeld

CIP-Kurztitelaufnahme der Deutschen Bibliothek

Ruff, Carola
Perserkatzen
Köln-Braunsfeld: R. Müller 1981
(deine katze)

ISBN 3-481-21111-2

Konzeption: Howard Smart, Germering
Redaktion: Dr. Teresa Müller, Tübingen

ISBN 3-481-21111-2

© Verlagsgesellschaft Rudolf Müller GmbH,
Köln-Braunsfeld 1981
Alle Rechte vorbehalten
Verlagsredaktion: Ingeborg Roggenbuck
Umschlaggestaltung: Heiser/Tsortanidis/Grafik/Design, Köln
Satz: Satzstudio Keßler, Porz
Druck: Druckhaus Rudolf Müller, Köln
Printed in Germany

Inhalt

Geschichte, Herkunft und Abstammung 7
Wesen und Charaktereigenschaften der Perserkatze

Standard und Rassebeschreibung 14

Überlegungen vor dem Kauf einer Perserkatze 21
Fellpflege – Kater oder Kätzin – Züchter oder Liebhaber

Wir kaufen eine kleine Perserkatze 24
Besuch beim Züchter – Katze als Geschenk für Kinder? –
Was braucht unser neuer Hausgenosse?

Haltung und Pflege der Perserkatze 31
Auslauf – ja oder nein? – Pflege des langhaarigen Felles –
Katzen und Hygiene – Katzen und Kinder – Perserkatzen und
der berufstätige Katzenhalter – Katzen und Hunde –
Perserkatzen und kleinere Haustiere –
Kastration von Kater und Kätzin – Die kranke
Perserkatze – Katzen und Unfälle – Die alte Perserkatze –
Die gesunde Ernährung

Die Perserkatze im »Verein« 47

Die Perserkatze auf Ausstellungen 48
Vorbereitungen für den Ausstellungstag – Was muß noch beachtet werden? – Der Ausstellungstag – Wie wird man eine preisgekrönte Katze?

Die Perserkatze als Zuchtkatze 55
Verantwortung des Züchters – Deckkaterhaltung – Paarung – Trächtigkeit, Geburt und Aufzucht der jungen Perserkatzen

Geschichte, Herkunft und Abstammung

Die Geschichte der Perserkatzen läßt sich ziemlich weit zurückverfolgen. Nicht nur, daß man bereits Unterlagen über züchterische Bemühungen an Perserkatzen aus dem 19. Jahrhundert besitzt und genaue Ergebnisse von Katzenausstellungen hat, die bereits in den Jahren 1871 und 1880 veranstaltet wurden, sondern auch schon aus früheren Tagen gibt es Zeugnisse von langhaarigen Katzen. Pietro della Valle schrieb schon 1526 nach seinen vielen Reisen durch den Vorderen und Mittleren Orient von langhaarigen Katzen, die er dort gesehen habe. Der reiselustige Italiener brachte dann auch aus der persischen Provinz Chorassan (heute Iran) einige der langhaarigen Katzen mit. Diese Katzen müssen den heute wieder in Reinzucht gezüchteten Ankara- oder Türkischen Katzen geähnelt haben. Gegen Ende des 16. Jahrhunderts brachte angeblich auch der französische Naturforscher Nicolas Fabri de Peiresc von einer archäologischen Forscherreise durch die Türkei langhaarige Katzen mit. Über die genaue Abstammung der Perserkatzen können wir hier nichts näheres sagen, da selbst die Wissenschaft noch nicht ganz eindeutig geklärt hat, von wem die Perserkatze nun eigentlich abstammt. Die einen behaupten, daß die Langhaarkatze aus Hauskatzen entstanden sei, deren längeres Fell durch züchterische Auslese weiterentwickelt wurde. Grundlage dieser Zucht seien Katzen gewesen, deren Fell entweder durch Umwelteinflüsse wie beispielsweise Kälte über Jahrhunderte hinweg stärker entwickelt gewesen oder aber durch spontane Mutation entstanden sei. Beide Vermutungen hören sich ganz vernünftig an. So kann es gewesen sein. Durchaus einleuchtend hören sich aber auch die Ergebnisse deutscher und russischer Wissenschaftler an, die anhand von langjährigen Forschungen vermuten, daß die Perserkatze vom Manul oder der turkestanischen Sicheldünen(Barchan-)katze abstammt.
Diese Katze ähnelt unserer heutigen Perserkatze immer noch sehr stark,

obwohl die heute gezüchteten Tiere natürlich durch züchterische Bemühungen doch ziemlich in ihrem Erscheinungsbild verändert wurden. Man denke zum Beispiel an die kürzere Nase und die kleineren Ohren. Aber nicht nur, daß das von Pietro della Valle bezeichnete Gebiet um Chorassan genau die Gegend ist, in dem die Sicheldünen oder Barchankatze beheimatet ist, spricht für diese Theorie –, sehr viel beweiskräftiger erscheint mir die beiden Katzenarten gemeinsame Behaarung an der Unterseite der Zehen, der Vorder- und Hinterpfoten.

Die Entwicklung der Perserkatzen zu ihrem jetzigen Erscheinungsbild hin kann man nicht für die ganze Rasse insgesamt betrachten. Jede Farbvarietät hat ihre eigene Geschichte, von der wir nur einiges kurz streifen können.

Eine englische Züchterin schreibt 1903 in einem Artikel der »Cat Review« folgendes: »Die weißen Perser, die aus Indien importiert wurden, weisen im Vergleich zu gewöhnlichen Perserkatzen weitere Vorzüge auf: ihre Hauptmerkmale sind ein langes, wehendes Fell, ein Persergesicht, kurze, dicke Beine, wunderschöne Ohrbüschel und natürlich eine gedrungene Figur.«

So eine weiße Perserkatze wirkt wie eine Schneeflocke.

Ist er nicht faszinierend, dieser Blick aus den zwei verschiedenen Augen?

Von den heute so seltenen Braun- und Silbertabbies gibt es Aufzeichnungen, die beweisen, daß diese Katzen einmal die gängigsten Farbvarietäten bei Persern waren. 1890 wurden die ersten Brown-Tabbies in Amerika gezeigt, und schon 1900 wurde in England ein Spezialclub nur für Silbertabby-Züchter gegründet; heute sieht man diese aparte Perserkatze nur noch ganz selten auf Ausstellungen. »Noch« deshalb, da diese Varietät wieder in Mode zu kommen scheint. Dieses Comeback der Silbertabbies kommt im Windschatten der anderen »silbernen« Katzen, hauptsächlich der Chinchilla und der Silver Shaded. Im Jahre 1880 entstand in Amerika aus der Verpaarung einer smoke-farbenen Katze mit einem Silbertabby eine Kätzin, die später den ersten uns bekannten Chinchillakater »Silver Lambkin« hervorbrachte.
Dieser Kater wurde ein sehr berühmter Ausstellungssieger, dessen Körper nach seinem Tod mit 17 Jahren präpariert wurde und den man noch heute im National History Museum in South Kensington, London, besichtigen kann. Auch die Cameos, die erst 1974 in Deutschland anerkannt wurden, erschienen schon 1901 im Deckkaterverzeichnis des amerikanischen Beresford Cat Club.

Die Engländer, nicht nur als Pferdenarren, sondern auch als begeisterte Katzenzüchter bekannt, begannen schon früh mit der gezielten Zucht der langhaarigen Schönheiten. Der englische Schriftsteller Harrison Weir organisierte 1871 im Londoner Crystal Palace die erste Katzenausstellung der Welt. Nur sechs Jahre später gab es schon den ersten Rassekatzenclub der Welt, den National Cat Club. Die Begeisterung für Rassekatzen wurde immer größer. 1880 gab es schon wieder eine große Ausstellung im Crystal Palace, auf der auch blaue Perserkatzen zu sehen waren. Blau ist auch bis heute *die* Perserkatzenfarbe geblieben. Einige Jahre danach gab es sogar einen Katzenclub nur für Adelige. Nicht etwa adelige Katzen, sondern für deren blaublütige Besitzer, die also auch bei der Ausübung dieser Liebhaberei lieber unter sich sein wollten. Ein paar Jahre später gab es auch schon in Deutschland langhaarige Katzen, zumeist blaue und weiße. Aber viel interessanter als die kurzen Streiflichter durch die einzelnen Farbschläge ist ein ganz persönlicher Bericht einer Züchterin aus den Anfangsjahren ihrer Zucht, die ihre Impulse, wie bei den meisten Zuchten, aus England erhielt.

Ilse Klüe erzählt: »Die Kriegswirren hatten Angehörige der aufgelösten russischen Botschaft zu einem unfreiwilligen Zwischenaufenthalt in Berlin gezwungen. Mit von der Partie war eine trächtige blaue Perserkatze aus England.« Dies war 1916. Frau Klüe erwarb einen kleinen Kater aus dem Wurf dieser englischen Diplomaten-Katze. Erst zehn Jahre später konnte sie ihrem Kater eine ebenbürtige Partnerin, eine weiße Perserkatze, zugesellen.

Sie erzählt weiter: »Um 1930 wurden die Langhaarkatzen aufgeteilt in Perser, Angora und Deutsch-Langhaar. Die beiden letzteren ähnelten mit ihren langgestreckten, keilförmigen Köpfchen mehr den heutigen Türkischen Angorakatzen. Die Perser hatten schon damals den gedrungenen, kompakteren Körperbau. Auf einer Ausstellung im Jahr 1930 wurden 124 Katzen gezeigt, davon waren 44 Perser, 26 Deutsch-Langhaar und der Rest kurzhaarige Katzen.« Also eine erstaunliche Bilanz. Ilse Klüe, die einmal eine sehr bekannte Brauntabby-Züchterin war – eine Varietät, die, wie schon erwähnt, in den letzten Jahren völlig zu Unrecht fast vergessen war und die jetzt sehr zu kämpfen hat, um wieder den Anschluß an internationale Maßstäbe zu finden, erzählt weiter: »Die weitgereiste Katze der russischen Diplomaten, die das Brauntabby-Element in die deutsche Perserkatzenzucht einbrachte, konnte schon auf eine lange Ahnenreihe zurückblicken.« Bereits 1896 wurde ein Brauntabby-Kater

»Birkdale Ruffle« zum schönsten Tier der Ausstellung im Crystal Palace gewählt. Auf einer Ausstellung im Jahr 1933 entdeckte Frau Klüe einen schwarzen Kater »Othello v. d. Gracht«, den sie zum Zuchtpartner für ihre blaue Kätzin »Püppi« auswählte. Dieser Kater aber trug tschechisches Wildkatzenblut in seinen Adern, und ein Sohn von ihm, »Filou«, war der Ahnherr vieler schöner langhaariger Brauntabbies der Vorkriegsjahre. 1938 gab es in Deutschland die letzte Katzenausstellung vor dem Krieg und für lange Zeit überhaupt. Der Zweite Weltkrieg hat nicht nur in Deutschland, sondern auch in England, dem Heimatland der Perserkatzenzucht, viele Blutlinien ausgelöscht. Gab es doch in diesen schweren Tagen für Wichtigeres zu sorgen als für hungrige Katzenmäulchen. Viele Züchter mußten schweren Herzens ihre wertvollen Tiere einschläfern. Aber schon 1951 kam wieder die erste Ausgabe der Verbandszeitschrift des 1. Deutschen Edelkatzenzüchter-Verbands heraus, und so nach und nach stabilisierte sich die Perserkatzenzucht wieder.
Den Vorsprung, den die Amerikaner auf züchterischem Gebiet inzwischen gewinnen konnten, haben England und Deutschland bisher jedoch noch nicht ganz aufholen können.
Neue Farben kommen grundsätzlich immer aus den USA. Aber die Qualität der kontinentalen Tiere kann sich inzwischen auf jeden Fall mit denen der amerikanischen Züchter messen. Die neuen Farben kann man eigentlich gar nicht beschreiben, man muß sie gesehen haben und wird begeistert sein. Aber auch die vielen Standardfarben bieten jedem Perserkatzenfreund eine so breite Palette zur Auswahl an, daß jeder sich »seine« Katze, seine Traumkatze aussuchen kann.

Wesen und Charaktereigenschaften der Perserkatze

Obwohl jede einzelne Perserkatze eine ausgeprägte Persönlichkeit, ein unverwechselbares Individuum ist, kann man doch generell über die Perserkatze sagen, daß sie der »ruhige Bürger« unter den verschiedenen Rassekatzen-Varietäten ist. Wobei man noch geringe Abstufungen im Temperament zwischen den einfarbigen Persern und den Katzen mit Zeichnungsmuster machen darf. Gestromte, getickte oder gescheckte Farbvarietäten sind meist ein bißchen temperamentvoller als ihre einfarbigen Kollegen. Doch darf man auf keinen Fall ruhig mit phlegmatisch verwechseln. Hinter dem liebenswürdigen »Baby-Face« der Kätzinnen

Perserkatzen – in der ganzen Welt beliebt, wie diese kleine Auswahl an Briefmarken aus aller Welt beweist.

und dem manchmal etwas grimmigen Gesichtsausdruck der Kater verbirgt sich eine äußerst intelligente Katze, die den größten Teil ihrer Intelligenz dazu benützt, uns um den Finger zu wickeln. Durch die lange Gemeinschaft mit dem Menschen über viele, viele Generationen, und zwar nicht nur als geduldeter Hausgenosse, wie es die Hauskatze war, sondern schon von Anfang an als Hätschel-, Schmuse- und gelegentlich auch Dekorationstier, ist sie ganz besonders auf den Menschen geprägt. Sie hat keinerlei Hang zum Streunen, obwohl sie trotz ihres langen Fells sehr behende und, wenn sie die Gelegenheit dazu hat, auch eine sehr geschickte Mäusefängerin ist. Man darf sich von ihrem dekorativen Äußeren nicht dazu verleiten lassen, in dieser Katze etwa eine Puppe zu sehen. Auch die noch so elegante und gepflegte Perserkatze ist und bleibt eine »echte Katze«, und zwar im positivsten Sinne des Wortes.

Erst zehn Wochen alt, aber schon ein richtiger kleiner Pascha, das shaded cameo Katerchen, Kur-Chat's Angelo!

Standard und Rassebeschreibung

Allgemeiner Standard für alle Perser

Die folgende Beschreibung gilt für alle Langhaarkatzen.

Körperbau. Groß oder mittelgroß, gedrungen (cobby), auf niedrigen Pfoten, breite Brust, Schulter und Rücken kurz und stämmig. Beine kräftig, kurz, gerade. Haarbüschel zwischen den Zehen sind wünschenswert. Pfoten groß und rund.

Schwanz. Der Schwanz muß kurz sein, in guter Proportion mit dem Körper, nicht spitz zulaufend, er muß gut buschig sein.

Kopf und Hals. Rund und massiv, breiter Schädel, volle Wangen, gewölbte Stirn, kleine, kurze und breite Nase mit einem sauberen »Stop«. Starkes Kinn, breiter Kiefer, Hals kurz und kräftig, aber keine Stupsnase.

Ohren. Kleine Ohren, die leicht gerundet sind, sehr weit auseinander und ziemlich niedrig auf dem Schädel plaziert, mit guten Haarbüscheln.

Augen. Groß, rund und offen, leuchtend und ausdrucksvoll, weit auseinanderstehend.

Fell. Lang und dicht, feine und seidige Textur (nicht wollig), lange Halskrause um Schulter und Brust.

Kondition. Gut gepflegt und vorgestellt.

Verweigerung der Siegeranwartschaft. Fehler am Schwanz (Knick, Knoten), Schielen, sichtbare Augenverletzungen, Vor- und Unterbiß von mehr als 2 mm, mehr oder weniger Zehen, sichtbar tragende Katze, zu stark gepudert.

Fehler, die die Beurteilung beeinflussen. Zu langer oder zu hoher Körperbau, zu schmaler Kopf, fliehendes Kinn, fehlender Stop, zu lange und zu hoch angesetzte Ohren. Zu kurzes Fell. Zu langer Schwanz, kupierter Schwanz, starke Kalkablagerungen am gesamten Schwanz, Fettschwanz. Zu mager, zu stumpfes oder ungepflegtes Fell, Ungeziefer, Verletzungen, säugende Katze, tränende Augen, hochgezogene Nickhäute (drittes Augenlid). Disqualifikation: Tönung, Rasur, zuviel Puder, Kater mit nur einem Hoden.

Beschreibung der verschiedenen Farben

No. 1 Schwarzer Perser. Fellfarbe: Rabenschwarz bis zur Haarwurzel, ohne rostige Spuren, weiße Haare oder andere Musterung, keine graue Unterwolle. (Jungtiere bis zu fünf bis sechs Monaten haben oft eine sehr schlechte Farbe. Ihr Fell ist grau, mit weißen Haaren gestichelt oder rostig. Der Züchter sollte diese Jungtiere nicht ausmerzen, da sie oft die besten erwachsenen schwarzen Katzen werden.) Nasenspiegel: Schwarz. Fußballen: Schwarz oder sealfarben. Augenfarbe: Kupferfarbig oder dunkles Orange.

No. 2 Weißer Perser mit blauen Augen. No. 2a Weißer Perser mit orange Augen. No. 2b Weißer Perser mit ungleicher Augenfarbe. Fellfarbe: Reines Weiß ohne jede Spur einer anderen Tönung. Nasenspiegel/Fußballen: Rosa. Augenfarbe 2: Tiefblau. 2a: Tieforange oder kupfer. 2b: Ein Auge tiefblau und ein Auge tieforange oder kupfer. (Jungtiere haben oft blaue/schwarze Flecken auf dem Kopf, die jedoch verschwinden, wenn sie ausgewachsen sind. Die Weißen haben oft gelbliche Spuren am Schwanz, verursacht durch Staub und Talgdrüsen. Dies darf nicht sein!)

No. 3 Blauer Perser. Fellfarbe: Alle Schattierungen von Blau sind erlaubt, jedoch soll das Blau rein und gleichmäßig sein, ohne weiße Haare oder Schattierungen. Ein helles Blau wird bevorzugt. Nasenspiegel/Fußballen: Blau. Augen: Kupfer oder dunkles Orange.

No. 4 Roter Perser. Fellfarbe: Tiefdunkles Rot, das bis zur Haarwurzel durchgefärbt ist, ohne Markierung oder hellere Flecken. Leichte Schattierungen an Stirn oder Beinen sind erlaubt. Nasenspiegel/Fußballen: Ziegelrot oder tieforange. Pigmentflecken auf dem Nasenspiegel oder schwarze Schnurrhaare sind Fehler.

No. 5 Creme Perser. Fellfarbe: Reine Pastellfarbe (keine Rottönung), gleichmäßig bis zur Haarwurzel durchgefärbt, keine helle oder weiße Unterwolle, ohne Schattierungen, Zeichnungen oder Flecken. Nasenspiegel/Fußballen: Rosa. Augenfarbe: Kupfer oder tieforange.

No. 6 Smoke Perser. Fellfarbe: Silberweiße Unterwolle, getippt mit Schwarz. In Ruhestellung wirkt die Katze schwarz, in Bewegung ist die silberweiße Unterwolle sichtbar. Die Abzeichen sind schwarz mit schmalem, silberweißem Band am Haaransatz, das nur sichtbar wird beim Auseinandernehmen der Haare. Krause und Ohrbüschel sind silberweiß. Nasenspiegel/Fußballen: Schwarz oder seal. Augenfarbe: Kupfer oder tieforange. Jungtiere weisen oft noch Streifen oder umgekehrte Kontraste auf, die gewöhnlich bei der weiteren Entwicklung verschwinden.

No. 6a Blue Smoke Perser. Der obige Standard (Smoke Perser) gilt auch für die Blau-Rauchperser. Lediglich anstelle von schwarz oder seal ist das Wort »blau« einzusetzen.

No. 6e Schildpatt Smoke Perser. Fellfarbe: Der Standard ist der gleiche wie bei No. 6. Das Tipping ist rot (hell und dunkel) und schwarz, die Flecken wie bei No. 11. Eine rote Flamme (Blesse) im Gesicht ist wünschenswert. Nasenspiegel/Fußballen: Rosa, schwarz oder rosa/schwarz gefleckt. Augenfarbe: Kupfer oder tieforange.

No. 6d SL Shell Cameo Perser. Fellfarbe: Die Unterwolle ist reinweiß. Rücken, Flanken, Kopf, Ohren und Schwanz sind leicht getippt in Rot oder Creme. Gesicht und Beine dürfen leicht getippt sein. Das Kinn, Ohrbüschel, Bauch, Brust und Innenseite der Beine sowie die Unterseite des Schwanzes müssen reinweiß sein. Brauntöne, einfarbige Haare, Tabbyzeichnung oder geschlossene Ringe an den Beinen sind Fehler. Das Tipping macht ungefähr ein Achtel der Haarlänge aus. Nasenspiegel/Fußballen: Rosa. Augenfarbe: Kupfer oder tieforange, Augenlider rosa umrandet.

No. 6d SD Shaded Cameo Perser. Fellfarbe: Die Unterwolle ist reinweiß mit rot oder creme Tipping, Verlauf vom Rücken zu den Flanken und leicht auslaufend an den Beinen. Nicht geschlossene Ringe auf den Beinen sind erlaubt, Gesicht und Schwanzoberseite müssen Tipping aufweisen. Kinn, Brust, Bauch und Innenseite der Beine und Unterseite des Schwanzes müssen reinweiß sein. Der Gesamteindruck ist eine dunklere Katze als No. 6d SL. Das Tipping macht ungefähr ein Drittel der ge-

Sieht er nicht aus wie der Lord Mayor von London mit seinen prächtigen Amtsketten? Internationaler Champion Penwith Kolya, brauntabby.

samten Haarlänge aus. Sohlenstreifen erwünscht. Augenfarbe: Kupfer oder tiefkupfer oder tieforange. Fußballen: Rosarot.

No. 7 Silver Tabby Perser (silbergestromt). Fellfarbe: Grundfarbe reines, helles Silber mit kontrastreicher, schwarzer Zeichnung. Jede braune Farbspur gilt als Fehler. Augenfarbe: Grün oder haselnuß. Grün ist jedoch zu bevorzugen.

No. 8 Brown Tabby Perser (braungestromt). Fellfarbe: Warmes, schwarzgeticktes Goldbraun, durchbrochen von deutlichen schwarzen Streifen. Nasenspiegel: Ziegelrot mit schwarzer Umrandung. Fußballen: Schwarz oder sealfarben. Augenfarbe: Kupfer oder tieforange. Augenlider schwarz umrandet. Sehr helles, weißes Kinn und Schwanzspitze sind Fehler. Bei zu intensiven Rottönungen bei weiblichen Tieren ist zu überprüfen, ob es sich um Braun-Tortie-Tabby handelt. Verweigerung der Siegeranwartschaft: Graues Unterfell.

No. 8a Blue Tabby Perser (blaugestromt). Fellfarbe: Körperfarbe blau geticktes Elfenbein, durchzogen von deutlichen, kontrastreichen dunkelblauen Streifen. Nasenspiegel: Altrosa mit dunkelblauer Umrandung. Fußballen: Blau. Augenfarbe: Tieforange oder kupfer. Augenlider dunkelblau umrandet. Zu graue oder zu blaue Unterwolle ist fehlerhaft.

No. 10 Chinchilla Perser. Fellfarbe: Die Unterwolle ist reinweiß. Rücken, Flanken, Kopf, Ohren und Schwanz sind leicht getippt in Schwarz. Gesicht und Beine dürfen nur leicht getippt sein. Kinn, Ohrenbüschel, Bauch, Brust, Innenseite der Beine und Unterseite des Schwanzes müssen weiß sein. Braun- oder Cremetöne, einfarbige Haare, Tabbyzeichnung oder geschlossene Ringe an den Beinen gelten als Fehler. Das Tipping macht ungefähr ein Achtel der Haarlänge aus. Fußballen: Schwarz oder seal. Augenfarbe: Grün oder bläulichgrün. Grün bevorzugt. Augenlider schwarz umrandet.

No. 10 SS Silver Shaded Perser (silberschattiert). Fellfarbe: Die Unterwolle ist reinweiß mit Tipping; Verlauf vom Rücken zu den Flanken und leicht auslaufend an den Beinen. Nicht geschlossene Ringe auf den Beinen sind erlaubt. Gesicht und Schwanzoberseite müssen Tipping aufweisen. Kinn, Brust, Bauch, Innenseite der Beine und Unterseite des Schwanzes müssen reinweiß sein. Der Gesamteindruck ist eine dunklere Katze als No. 10. Das Tipping macht ungefähr ein Drittel der gesamten Haarlänge aus. Sohlenstreifen erwünscht. Nasenspiegel: Ziegelrot mit schwarzer Umrandung. Fußballen: Schwarz oder sealfarben, ebenso Sohlen an den Hinterbeinen. Augenfarbe: Grün oder blaugrün. Augenlider schwarz umrandet.

No. 11 Schildpatt Perser. Fellfarbe: Die Farben Rot und Schwarz, wobei das Rot verschiedene Nuancen aufweisen kann (meistens an den kurzen Stellen des Fells hellrot, ansonsten ein dunkleres Rot), müssen gut in Flecken voneinander abgegrenzt und über den ganzen Körper verteilt sein. Eine Flamme (Blesse) ist erwünscht, die Farben sollen warm und leuchtend sein. Nasenspiegel/Fußballen: Schwarz, rosa oder rosa gefleckt. Augenfarbe: Kupfer oder tieforange. Jungtiere haben oft graue Unterwolle, die toleriert werden sollte, da diese später verschwindet und oft die besten erwachsenen Schildpatt daraus werden. Keine Tabbyzeichnung in den roten Partien.

No. 12 Schildpatt-Weiß Perser. Fellfarbe: Die Farben Schwarz und Rot sollen in großen Flecken gut verteilt und vom Weißen getrennt sein. Zwei Drittel des Fells sollte farbig sein, entweder schwarz oder rot, und ein Drittel des Fells sollte weiß sein. Es sollte aber nicht mehr als die Hälfte weiß sein. Das Weiß muß ebenfalls auf dem Rücken verteilt sein, sei es in Form eines Halsringes oder in Form eines Ringes zwischen Körper und Schwanz oder als abgegrenzter weißer Fleck auf dem Rücken oder in Form von ineinanderlaufenden Scheckungen. Eine weiße Blesse in Form eines umgekehrten »V« ist erwünscht. Die Farben Schwarz und Rot sollen deutliche, einheitliche Flecken bilden. Weiß auf dem Rücken bevorzugt. Keine weiße Stichelung in farbigen Partien. Farben tief und leuchtend ohne Tabbymarkierung. Augen: Groß, rund, tieforange oder kupfer.

No. 12a Bicolor Perser (zweifarbig). Fellfarbe: Jede solide Farbe und weiß. Die Farbflecken sollen sauber und gut verteilt sein. Nicht mehr als zwei Drittel des Fells soll farbig und nicht mehr als die Hälfte weiß sein. Das Gesicht soll farbig und weiß gefleckt sein. Die Farbverteilung soll harmonisch wirken. Nasenspiegel/Fußballen: Rosa oder analog der Fellfarbe oder beides.

No. 12 b Tricolor Perser (blauschildpatt-weiß). Wie No. 12, nur statt schwarz blau und statt rot creme. Fußballen: Können rosa, schieferblau oder beides sein.

No. 13 Blaucreme Perser. Fellfarbe: Die Farbe muß helles Blau und Creme und überall vermischt sein, auch an den Extremitäten. Nasenspiegel/Fußballen: Rosa, blau oder beides. Augenfarbe: Kupfer oder tieforange.

No. 13 x nicht anerkannte Langhaarfarbvarietäten, die zusammen in einer Klasse nach dem Persertyp, nicht nach Farbe gerichtet und mit »vorzüglich« und so weiter qualifiziert und klassifiziert werden, aber ohne CAC und mehr.
Beispiele: Golden Chinchilla, Chocolate, Self-Lilac, Creme-Smoke, Schildpatt-gestromt, Blue-Shaded, Blue-Chinchilla, Blau-Creme-Tabby, Red-Smoke, Blau-Creme-Smoke.

Wie lange sie wohl so einträchtig beisammen sitzen? Blaucreme Kätzin, blau-weißer und blauer Kater »von der Barkowswarte«.

Überlegungen vor dem Kauf einer Perserkatze

Bevor Sie sich eine Perserkatze kaufen, sollten Sie auch überlegen, daß eine Perserkatze bei guter Pflege und Zuwendung sehr alt werden kann. 12 bis 15 Jahre sind normal, 18- bis 20jährige Perserkatzen sind keine Seltenheit. Erst neulich kam ich mit einer alten Dame ins Gespräch, die gerade 91 Jahre alt geworden war. Sie erzählte mir, daß sie zwei 26jährige Perserkatzen hätte, die jeden Morgen Punkt 6 Uhr auf den Wohnzimmertisch springen würden und gekämmt werden wollten. Sie beschloß unser Gespräch mit der Bemerkung, daß sie nicht sterben könne, denn wer solle dann für die beiden Perserkatzen sorgen? Wir wollen der reizenden Katzenmutter wünschen, daß ihr noch ein paar Jährchen mit ihren Lieblingen vergönnt seien.
Überlegen Sie vor dem Kauf, ob Sie sich überhaupt so lange binden wollen. Eine ältere Katze kann man nicht mehr so leicht verpflanzen. Gerade Perserkatzen, die sich so an ihren Menschen anschließen, leiden sehr, wenn aus für sie völlig unerfindlichen Gründen, nicht mehr »ihr« Mensch für sie sorgt. Ortswechsel macht der Perserkatze nicht so viel aus wie der Verlust ihrer Bezugsperson.

Fellpflege

Wenn Sie sich aber nach reiflicher Überlegung für eine Perserkatze entschlossen haben, haben Sie sich für eine angenehme, ruhige und ganz auf den Menschen fixierte Katze entschieden. Selbstverständlich sind Sie sich über die Konsequenz der täglichen Fellpflege im klaren. Aber hier ist es auch ähnlich wie mit vielen anderen Dingen im Leben: mäßig, aber regelmäßig! Täglich gekämmt, damit keine Verfilzungen entstehen, ist die Fellpflege kein allzu großer Aufwand. Nur wenn man sie vernachlässigt und auf einmal das ganze Fell voller Zotteln und verfilzter Stellen ist, dann wird es lästig.

Kater oder Kätzin

Die Frage, Kater oder Kätzin, ist für Sie eigentlich nur wichtig, wenn Sie eventuell vorhaben, auch mal einen Wurf kleiner Kätzchen großzuziehen. Ansonsten sind Kater und Kätzin gleich liebenswert.
Kater sind meist ruhiger und zu allen Familienmitgliedern gleichmäßig freundlich. Sie wirken auch größer und stattlicher. Die Kätzin ist etwas zierlicher und in ihrem Gefühlsleben etwas kapriziöser und vor allem eifersüchtiger. Wenn Sie sich mit dem Gedanken tragen, noch eine zweite Katze anzuschaffen, ist es vielleicht nicht ganz ungeschickt, wenn das erste Tier ein Kater ist. Für viele Katzenfreunde ist heute noch ausschlaggebend für die Wahl ihres Tieres, daß Kater leichter unfruchtbar zu machen sind. Das ist auf den ersten Blick korrekt, aber die Tiermedizin ist inzwischen so weit fortgeschritten, daß auch der Eingriff bei der Kätzin fast kein Operationsrisiko bedeutet.
Wenn Sie die Möglichkeit haben, sich ein Kätzchen aus einem Wurf aussuchen zu können, dann wählen Sie, sofern keine Zucht- oder Ausstellungspläne bestehen, ganz nach Ihrem Herzen. Das Kätzchen, das Ihnen am besten gefällt, das am neugierigsten Ihre Hände beschnuppert, das auf Ihrem Arm sofort zu schnurren beginnt, das würde ich beispielsweise nehmen. Schauen Sie sich die Mutterkatze genau an. Ist sie zutraulich und verschmust mit ihrem Besitzer oder eher zurückhaltend? Obwohl Perserkatzen eigentlich sehr verschmust und lieb sind, gibt es doch durch übersteigerte Zuchtziele ehrgeiziger Züchter Katzen, die zwar auf den Menschen bezogen, in ihren Gunstbezeigungen aber sehr zurückhaltend sind. Sie müssen jetzt entscheiden, was Ihnen lieber ist: eine Katze, die vornehm-dezent als äußerste Schmeichelei um Ihre Beine streicht oder eine Katze, die jede mögliche Gelegenheit nutzt, Ihnen auf den Schoß zu springen, um sich ihre Streicheleinheiten zu holen. Beides ist liebenswert, Sie aber müssen nach Ihrem Temperament entscheiden, was Sie auf Dauer lieber um sich haben möchten. Gehen Sie im Zweifelsfalle lieber noch zu einem anderen Züchter.

Züchter oder Liebhaber

Wer einmal so eine niedliche Katzenkinderstube gesehen hat, hat meist auch den Wunsch, selbst kleine Perserkätzchen aufzuziehen. Bevor Sie sich zu diesem Entschluß durchringen, sollten Sie mit mehreren Züchtern darüber gesprochen haben. Perserkätzchen rühren mit ihrem putzigen Baby-Gesichtchen fast jeden Menschen an und sei er noch so hartherzig. Aber diese niedlichen Wolleknäuel werden einmal ganz normale, erwachsene Katzen mit ihren ganz normalen Unarten wie Krallenwetzen und Stibitzen bei Tisch, und was sie sonst noch so alles anstellen. Dazu kommen die vielen Haare und die Verpflichtung der regelmäßigen Fellpflege. Auch ist der hohe Anschaffungspreis für eine Perserkatze heute leider keine Lebensversicherung mehr für das Tier, wie es noch vor einigen Jahren war, als man es sich noch lange überlegt hat, ob man wirklich die Verantwortung für das Wohl und Wehe solch eines sensiblen Tieres übernehmen wollte. Es ist heute nicht mehr ganz leicht, wirklich gute, dauerhafte Plätze für die kleinen Kätzchen zu finden. Nur wer bereit ist, sich diesem Hobby von ganzem Herzen zu verschreiben, seine Freizeit und auch einige finanzielle Mittel einzusetzen, denn es ist ein teures Steckenpferd, sollte Perserkatzen züchten.

Wenn Sie also vorhaben, irgendwann einmal mit Ihrer Perserkatze zu züchten, dann sagen Sie dies dem Züchter ausdrücklich, damit er Sie berät und Ihnen wirklich eine Katze empfiehlt, die dem Rassestandard im höchsten Maße entspricht. Durch die wahllose Zucht mit Perserkatzen, die vom Züchter niemals als Zuchttiere vorgesehen waren, wird die Arbeit von korrekten Züchtern auf Jahre hinaus zunichte gemacht.

Der Preis einer Perserkatze setzt sich aus vielen Faktoren zusammen. Auch wenn der sorgfältig planende Züchter, der dazu noch mit seinen Tieren regelmäßig auf Ausstellungen geht, niemals aus dem Verkauf von Jungkätzchen ein Geschäft machen kann oder etwa davon leben könnte, so muß er doch darauf achten, daß er zumindest einen Teil seiner Unkosten wieder hereinbekommt. Gelingt ihm das nicht, so muß er sein Hobby bald wieder aufgeben. Mancher Züchter könnte für das Geld, das seine Liebhaberei kostet, Mitglied in mehreren exklusiven Nobelclubs sein. Aber so ist's halt mit der Liebe – wo sie hinfällt ... Und Katzenzucht ist wirklich eine Liebe, die oft ein ganzes Leben hält.

Wir kaufen eine kleine Perserkatze

Sie haben sich also entschlossen: Eine Perserkatze und keine andere darf es sein. Vom 1. Deutschen Edelkatzenzüchter-Verband e.V., Friedrichstr. 48, 6200 Wiesbaden, erhalten Sie jederzeit kostenlos und unverbindlich Anschriften von Züchtern, die Perserkatzen züchten. Sie wissen ja: Katzen und andere Haustiere kauft man direkt vom Züchter. Sie wollen ja auch sehen, woher das Kätzchen kommt, das bei Ihnen Familienmitglied werden soll. Sie suchen ja eine gesunde, gepflegte und zutrauliche Katze, die in der Wohnung und im engsten Menschenkontakt aufgewachsen ist. Dann möchten Sie ja auch mit dem Züchter über die richtige Pflege sprechen und erfahren, was das kleine Kätzchen bisher gefressen

Zwei, die sich ihrer Schönheit voll bewußt sind! Kur-Chat's Angelo, shaded cameo, und Kur-Chat's Angelique, blau-creme-smoke.

hat, damit die Eingewöhnung bei Ihnen problemlos vonstatten geht. Sie rufen also bei den genannten Züchtern an und verabreden einen Besuchstermin. Zuvor sollten Sie aber unbedingt mit Ihrem Vermieter abklären, ob Sie überhaupt eine Katze halten dürfen. Lassen Sie sich die Zusicherung schriftlich geben, damit es später zu keinen Auseinandersetzungen kommt. Aber gerade bei Perserkatzen gibt es kaum Schwierigkeiten, eine Erlaubnis zu erhalten, denn auch der Katzenlaie weiß ja, daß Perserkatzen nur in der Wohnung gehalten werden und andere Mieter deshalb überhaupt nicht belästigt werden. (Wobei sich der Katzenfreund ja sowieso fragt, wie eine Katze jemanden belästigen kann ...)

Besuch beim Züchter

Zu dem Besuch beim Züchter sollten Sie ruhig die ganze Familie mitnehmen. Das kleine Perserkätzchen soll ja schließlich auch der ganzen Familie gehören. Viele Züchter legen selbst großen Wert darauf zu erfahren, zu welchen Menschen das von ihnen mit viel Liebe großgezogene Kätzchen kommt. Wenn der Züchter Sie nun in die Katzenkinderstube

So klein er ist, hat er doch schon recht kräftige Krallen, die er am Kratzbaum wetzen kann. Carol's Speedy Gonzales, blau-weiß.

führt, wird Sie die Mutterkatze anfangs etwas reserviert betrachten, vielleicht sogar anfauchen. Denn noch fühlt sie sich ja für ihre Kleinen voll verantwortlich. Die kleinen Kätzchen jedoch, wenn nicht gerade Futter- oder Schlafenszeit ist, werden sich bei ihrem lustigen Spiel durch Sie gar nicht stören lassen. Nach einer Weile aber wird die Neugierde siegen, und eines nach dem anderen wird vorsichtig den fremden Besuch beschnuppern, sich streicheln und knuddeln lassen. Jetzt kommt die Qual der Wahl. Wenn Sie ein Ausstellungs- oder Zuchttier suchen, dann ist die Auswahl relativ begrenzt. Auch wenn beide Elterntiere hochdekorierte Siegertiere sind, werden in jedem Wurf nur ein oder allerhöchstens zwei Jungtiere sein, die gewisse Hoffnungen auf Siegerehren erwarten lassen. Haben Sie solche Pläne aber nicht, dann brauchen Sie nur Ihr Herz sprechen zu lassen. Da die Hausfrau auch meistens diejenige ist, die die Pflege des Tieres übernimmt, ist es ratsam, wenn man ihr die Entscheidung überläßt.

Katze als Geschenk für Kinder?

Es gibt viele Züchter, die keine Perserkätzchen an Familien abgeben, bei denen sie merken, daß das Kätzchen als Geschenk für ein Kind gedacht ist und bei denen die Mutter diesem »Geschenk« reserviert gegenübersteht. Und das hat seine guten Gründe. Ein Schulkind, auch wenn es den besten Willen hat, ist mit der Pflege einer Perserkatze meistens überfordert.
Sicher, das Kind sollte seinen Teil der Pflichten übernehmen, aber trotzdem sollte die Mutter dem Katzenkauf so positiv gegenüberstehen, daß sie einzuspringen bereit ist, wenn das Wohl und Wehe der Katze es erforderlich macht. Eine Katze als Erziehungsmittel, um dem Kind »Ordnungsliebe und Verantwortungsgefühl« beizubringen, das sollte wirklich nicht vorkommen. Eine Katze, und gerade die sanfte Perserkatze, sollte wirklich nur um ihrer selbst willen geliebt werden!
Sie sollten den Züchter fragen, ob das Kätzchen schon beide Schutzimpfungen gegen Katzenseuche erhalten hat. Ideal ist es, das Kätzchen erst dann zu sich zu nehmen, wenn es beide Impfungen gut hinter sich gebracht hat. Meistens sind die kleinen Kätzchen nach den Impfungen etwas schlapp und damit auch anfällig. Da ist es schon gut, wenn sie noch einige Tage bei der Mutter in der gewohnten Umgebung bleiben können.
Die Trennung von der Mutter und den Geschwistern, die neue, fremde

Umgebung und vielleicht sogar das Alleinsein tagsüber, das sollte nicht gerade mit den eben überstandenen Schutzimpfungen einhergehen. Das Kätzchen muß natürlich entwurmt und ohne äußere Parasiten wie Flöhe oder Ohrmilben sein. Lassen Sie sich vom Züchter genau zeigen, wie und mit welchen Utensilien er das Fell des kleinen Kätzchens und der Mutterkatze pflegt.

Was braucht unser neuer Hausgenosse?

Ein oder zwei große Katzentoiletten. Wählen Sie wenigstens eine, die in Form und Farbe denen ähnelt, die es von zuhause gewöhnt ist.
Katzenstreu: Bei Perserkatzen kann man eigentlich nur die in Fachgeschäften angebotenen zwei Streuqualitäten – weiße spanische oder graue englische Steinchen – verwenden. Sägemehl, Torf oder Papierschnipsel bleiben zu leicht im langen Fell der Katzen hängen und werden dann in der ganzen Wohnung herumgetragen.
Zum Entfernen des »größeren Geschäfts« bekommt man in Fachgeschäften spezielle Streuschäufelchen. Ein Katzenhaushalt ohne Kletter- und Kratzbaum sollte eigentlich nicht mehr vorkommen. Auch wenn die Perserkatze vornehm aussieht, hat sie doch die gleichen scharfen Krallen wie jede andere Katze auch und wetzt sie genauso herzhaft, wie es andere Katzen auch tun. Sie schonen Ihre Nerven, Teppiche und Möbel, wenn Sie ihr solch eine praktische Vorrichtung anbieten. Es gibt sie in vielen Formen, Farben, Bauarten und Preislagen. Praktisch veranlagte Katzenbesitzer können sich auch selber eine basteln. Manche Katzen sind auch mit einem Stück Teppichfliese an der Wand zufrieden. Es darf dann aber nicht die gleiche Teppichqualität sein wie die des Bodens, an dem sie ja nicht kratzen darf!
Zum Heimtransportieren, für spätere Tierarztbesuche sowie die Wochenend- und Urlaubsfahrten ist es zweckmäßig, der Katze einen Reisekorb oder -koffer zu beschaffen. Es gibt diverse Modelle mit unterschiedlichen Vor- und Nachteilen. Wählen Sie den Korb nicht zu klein; die kleine Perserkatze wird noch wachsen.
Taschen aus Kunstleder sind für Perserkatzen nicht geeignet, da es den Tieren mit ihrem warmen Fell, besonders im Sommer, darin viel zu heiß wird. Gut bewährt haben sich die großen, halbrunden Weidenkörbe, deren Gitter man abnehmen kann. Viele Katzen schlafen auch gern zu-

hause in diesen »Höhlen«. Wer viel mit seiner Katze reisen wird oder mit ihr auf Ausstellungen gehen möchte, sollte sich einen der Transportbehälter zulegen, die von Luftfahrtgesellschaften für den Transport von Katzen und kleinen Hunden vorgeschrieben sind.

Außerdem braucht die Katze noch ihr eigenes Futtergeschirr. Leicht zu reinigen und appetitlich sind Aluminium- oder Steingutschüsselchen. Eine abwaschbare Unterlage gehört auch dazu, da Katzen ihr Futter gern aus dem Napf ziehen, um es vom Boden aus zu fressen.

Zur Schönheitspflege braucht die Perserkatze mehrere Kämme und Bürsten. Lassen Sie sich vom Züchter zeigen, welche er dazu nimmt. Für die tägliche Pflege genügt ein weitzinkiger Kamm, der gut in der Hand liegen muß. Beim Kauf beachten Sie bitte besonders die Unterseite der Zinken. Fahren Sie sich zur Probe mit dem Kamm mehrmals über den Unterarm, da, wo die Haut empfindlich ist. Die Zinken müssen unten abgerundet sein und dürfen nicht kratzen. Für die gründlichere Fellpflege brau-

Katzen lieben jede Art von Höhlen, wenn es auch nur provisorische sind, wie dieser zum Trocknen aufgestellte Regenschirm. Carol's Foxy Maggiolino, rotgestromt.

Wann kommt denn jemand, um mit mir zu spielen? Zehn Wochen alte Kur-Chat's Angelique, blau-creme-smoke.

chen Sie noch einen zweiten Kamm, bei dem die Zinken dichter stehen sollten. Manche Katzen lassen sich gern bürsten, manche schätzen es überhaupt nicht. Das muß man ausprobieren. Viele Katzen lieben es auch, sich mit einem speziellen Gummihandschuh mit Noppen die Haut massieren zu lassen. Für Katzen, deren Fell besonders leicht verfilzt, gibt es noch spezielle Kämme, mit denen man verfilzte Stellen leichter herauskämmen kann. Aber soweit sollte es eigentlich nicht kommen. Jeden Tag kurz durchgekämmt und einmal in der Wochen gründlich; das sollte doch möglich sein und genügt auch in den meisten Fällen.

Ein Hauch von Talkum oder Babypuder erleichtert das Kämmen, und die Perserkatze wirkt gleich viel duftiger und frischer. Lassen Sie sich vom Züchter auch das Pudern zeigen.

Um Katzenhaare von Polstermöbeln und Ihrer Kleidung leicht entfernen zu können, empfiehlt sich die Anschaffung einer sogenannten Tollen Rolle oder einer speziellen Kleiderbürste. Auch eine spezielle Saugbürste für den Staubsauger wird im Fachhandel angeboten.

Selbst wenn sich kleine Kätzchen noch stundenlang damit beschäftigen können, dem eigenen Schwanz nachzujagen, sollten Sie der kleinen verspielten Katze doch ein paar geeignete Spielsachen bereitlegen, an denen sie sich nicht verletzen kann. Nicht geeignet, wenn auch immer noch sehr beliebt, sind beispielsweise kleine Bällchen aus zusammengeknülltem Stanniolpapier oder weiche, kleine Gummibällchen, die oft sogar noch in Fachgeschäften als Katzenspielzeug angeboten werden, Gummibändchen oder Radiergummis. Wenn das Kätzchen an diesen Sachen herumnagt und sie eventuell sogar herunterschluckt, kann es sehr krank werden. Unter dem Einfluß der scharfen Magensäure verhärten sich die weichen Gummistückchen zu scharfkantigen, harten und unverdaulichen Fremdkörpern, die operativ entfernt werden müssen.

Haltung und Pflege der Perserkatze

Auslauf – ja oder nein?

Auch wenn sich Perserkatzen meistens sehr gemütlich bewegen, so genießen sie es doch sehr, wenn sie auch mal im Garten herumstromern können. Sie sind aber keine Streuner, so daß man keine Angst haben muß, daß sie weglaufen; außer vielleicht die Kätzin, wenn sie gerade rollig ist. Denn dann ist sie meist ebenso unberechenbar, wie es jede andere Katze in dieser Situation auch ist. Aber auch aus anderen Gründen sollte man seine Perserkatze nicht frei herumlaufen lassen. Man sieht es ihr halt schon von weitem an, daß sie nicht ganz billig war. Meistens ist sie sehr zutraulich, auch zu Fremden, und da kann es schon passieren, daß sie schnell einen neuen Platz »gefunden« hat! Eine gute Idee ist es, wenn man seinen Garten mit einem Elektroweidegerät, wie man es von Kuhweiden her kennt, sichert. Eine andere Möglichkeit ist ein Freigehege, das man aus Holz und Drahtzaun selbst bauen kann. Wer keinen Garten hat, kann auch einen Balkon oder ein Fenster, das eine »katzen-interessante« Aussicht hat, zum Beispiel auf einen Baum, einen Hof oder eine belebte Straße, mit Kükendraht für die Katze sichern.
Aber auch wenn Sie keinen Garten oder Balkon besitzen, müssen Sie keineswegs auf eine Perserkatze verzichten. Im Gegenteil, die Perserkatze ist eigentlich die ideale Katze für die Wohnung. Wenn die Katze dann auch noch freien Zugang zu allen Räumen der Wohnung hat und ihr Reich auch die »dritte Dimension« einschließt, dann kann eigentlich nichts mehr schiefgehen. Mit der »dritten Dimension« meinen Katzen, daß sie ein Recht darauf haben, ihr Reich auch in die Höhe verlegen zu dürfen. Sie schätzen es, wenn sie in jedem Raum mindestens ein Plätzchen auf erhöhter Ebene zur Verfügung haben, von dem aus sie alles ungestört verfolgen können, was »ihre« Menschen so treiben.

Pflege des langhaarigen Felles

Viele Katzenfreunde liebäugeln schon lange mit einer langhaarigen Katze, doch hat sie bisher immer der Gedanke an die aufwendige Fellpflege geschreckt. Aber so schlimm ist es gar nicht. Täglich sollte man die Perserkatze schon von klein auf mit einem weitzinkigen Kamm durchkämmen. So bilden sich keine verfilzten Stellen. Wer in Zeitnot ist, der kann die Katze ja zum Beispiel auch während der »Tagesschau« kämmen oder aber solange man die Kinder bei den Hausaufgaben abhört. Möglichkeiten gibt es genug. Sollte sich Ihre Katze nicht gern kämmen lassen, müssen Sie versuchen, mit dem Kämmen etwas Angenehmes zu verbinden. Vielleicht spielen Sie immer wieder zwischen dem Auskämmen mit ihr, oder Sie bieten ihr nachher regelmäßig einen Leckerbissen an. Aber zum Glück schätzen es die meisten Katzen sehr, regelrecht gestriegelt zu werden. Manche legen sich dazu sogar auf den Rücken, damit man ja an alle Stellen kommt.

Das tägliche Kämmen ist auch aus einem anderen Grund sehr wichtig. Die Katze leckt sich ja viele Male am Tag und verschluckt dabei alle abgestorbenen Haare, die noch nicht auf den Boden gefallen sind. Diese Haare sind unverdaulich und bilden im Magen der Katze Haarwürste, die sogenannten Bezoare. Diese Bezoare müssen von Zeit zu Zeit erbrochen werden. Das ist ein ganz natürlicher Vorgang und keineswegs krankhaft. Das Auswürgen der Haarwürste kann man für die Katze dadurch erleichtern, daß man ihr hartes, scharfkantiges Gras anbietet, das viele Katzen mit Begeisterung fressen. Sehr beliebt ist Cyperusgras, das zudem noch sehr dekorativ wirken kann, wenn die Katze es nicht vor lauter Begeisterung mit Stumpf und Stiel ausrottet.

Einmal in der Woche muß man sich Zeit nehmen für eine etwas gründlichere Fellpflege. Zuerst mit einem feinen Kamm oder einer Bürste auskämmen. Bei dieser Gelegenheit können Sie auch auf der Haut nachschauen, ob die Haut sauber und ohne Veränderungen ist. Danach sollten Sie Ihre Perserkatze, auch wenn es keine Ausstellungs- und Showkatze ist, ein wenig pudern. So bleibt das Fell leicht und duftig. Besonders an der Schwanzwurzel können sich fettige Ablagerungen bilden, die den berühmt-berüchtigten Fettschwanz ergeben. Gerade Kater neigen dazu. Nebeln Sie die Katze aber nicht in eine Wolke aus Talkum oder Babypuder ein, sondern verteilen Sie den Puder vorsichtig im ganzen Fell, um ihn nach einer Weile genauso vorsichtig wieder herauszukämmen. Sollten sich doch einmal verfilzte Stellen im Fell gebildet haben, was besonders während des Fellwechsels im Frühjahr auch bei einer sehr gepflegten Katze möglich ist, versuchen Sie, diese verfilzten Zotteln sorgfältig durch Zupfen zu entfernen. Dazu nehmen Sie die verfilzte Stelle, die sich meistens am Hals, an der Brust, zwischen den Beinen oder unter dem Schwanz bildet, zwischen Daumen und Zeigefinger beider Hände und versuchen, die verfilzte Stelle so aufzulösen, daß Sie das Tier dabei nicht an der Haut reißen. Ist die verfilzte Stelle direkt auf der Haut, muß man warten, bis das Haar etwas nachgewachsen ist. Manchmal muß man größere verfilzte Stellen auch vom Tierarzt entfernen lassen, da die Haut unter dem dichten Filz ja nicht mehr atmen kann. Es wirft aber kein gutes Licht auf den betreffenden Katzenbesitzer, wenn solche Maßnahmen nötig sind! Es kann vorkommen, daß sich die Katze, besonders wenn sie weichen Stuhlgang gehabt hat, am Po und am Schwanz mit ihrem Kot beschmutzt. Lassen Sie ihn nach Möglichkeit nicht antrocknen, sondern säubern Sie die Katze mit einem warmen, feuchten Waschlappen. Das gilt auch, wenn sich die Katze beim Fressen bekleckert hat.

Klein, aber fein, diese schildpatt-weiße junge Dame!

Nach der Fellpflege ein Blick in die Ohren, die innen appetitlich weiß oder rosa sein sollten. Ohrenschmalz wird vorsichtig mit einem Wattestäbchen entfernt, aber nur aus dem äußeren Teil des Ohres. Heiße Ohren, die innen mit schwarzen, borkigen Krusten besetzt sind, deuten auf Ohrmilben hin. Hier kann der Tierarzt helfen.

Viele Katzen haben auch unter Zahnstein zu leiden. Der Katzenbesitzer bemerkt dies am üblen Mundgeruch und an den dunklen Ablagerungen an den Zähnen seiner Katze. Zahnstein sollte vom Tierarzt entfernt werden, da das Tier sonst bald keine Zähne mehr hat. Viele Perserkatzen haben ein deformiertes Gebiß. Sei beißen »vor«, das heißt die unteren Zähne stehen über die oberen Zähne. Obwohl es vom Standard her nicht sein soll, wird auch bei Ausstellungstieren ein »Vorbiß« von einigen Millimetern toleriert. Durch diesen »Vorbiß« kann die Perserkatze auch nicht so gut beißen, da das Gebiß ja nicht schließt. Sie sollten ihr, falls sie ein starker »Vorbeißer« ist, das Fleisch kleiner schneiden. Bedingt durch den »Stop«, diese für schöne Perserkatzen so charakteristische Einbuchtung zwischen Stirn und Nase, haben viele Perserkatzen leicht tränende Augen. Damit sie immer appetitlich sauber im Gesicht ist, sollten Sie ihr täglich mit einem feuchten Läppchen die inneren Augenwinkel auswischen.

Zur Katzenpflege gehört aber auch die regelmäßige Entwurmung und die jährlichen Wiederholungsimpfungen gegen Katzenseuche und, wenn die Katze ins Freie darf oder auf Ausstellungen gezeigt wird, auch die Tollwutschutzimpfung.

Katzen und Hygiene

Obwohl Katzen wohl als die saubersten Haustiere schlechthin gelten, sollte man doch gewisse hygienische Grundregeln beachten, zum Beispiel das Futter nicht allzu lange offen herumstehen lassen. Besonders im Sommer setzen Fliegen oft ihre Eier auf den Futterresten ab. Einmal wöchentlich sollten die Tücher oder Kissenbezüge aus dem Katzenkorb oder von den Schlaf- und Sitzplätzen der Katze gewaschen werden. Katzenhaare von Ihren Polstermöbeln und vom Teppich entfernt man am besten mit einer Fusselrolle und einem Zusatzgerät für den Staubsauger. Aber auch mit einem feuchten Fensterleder gehen sie schnell ab. Das Katzenklo sollte täglich gereinigt werden. Einmal im Vierteljahr empfiehlt es sich, den Katzenkorb, die Spielsachen und alle Katzen-Schlaf- und Sitzplätze mit Desinfektionsspray zu desinfizieren. Während dieser Tätigkeit sperren Sie die Katze am besten in einen anderen Raum.

Katzen und Kinder

Katzen sind eigentlich die idealen Spielgefährten für Kinder, noch mehr als Hunde, obwohl dies im ersten Augenblick verblüffen mag. Aber Katzen ordnen sich den Kindern nicht unter und lassen sich nicht von ihnen tyrannisieren. Katzen wissen sich allzu aufdringlicher Zärtlichkeiten ganz einfach zu erwehren, indem sie sich unauffällig davonmachen. Nur ein sehr ungeschicktes Kind, das die ersten Anzeichen des Unmuts bei der Katze nicht erkennen kann oder will, wird einmal gekratzt werden. Durch den Umgang mit Katzen lernen Kinder, auch feinste Gesten, Andeutungen und leisestes Mienenspiel zu deuten und zu respektieren. Katzen-Kinderfreundschaften können viele Jahre überdauern. Und gibt es ein tröstlicheres Bild als ein Kind, das seiner leise schnurrenden Katze irgendeinen Kinderkummer anvertraut? Gerade Perserkatzen haben ein ganz feines Gespür dafür, ob »ihr« Mensch, und oft ist dies ein Kind, traurig ist. Sollten Sie oder Ihr Kind einmal in der Situation sein, daß Sie weinen müssen, werden Sie sehen, daß Ihre Perserkatze laut miauend um Ihre Beine streicht und Sie mit ihrem Schnäuzchen anstößt, als ob sie sagen wollte: »Ich bin doch da, so groß kann der Kummer jetzt nicht mehr sein!«

Perserkatzen und der berufstätige Katzenhalter

Viele alleinstehende Berufstätige liebäugeln schon lange mit einer Katze, doch haben sie bisher immer mit dem Kauf gezögert, weil sie befürchteten, daß die Katze unter dem Alleinsein leiden würde. Das ist aber erwiesenermaßen nicht der Fall, und ganz besonders nicht bei der Perserkatze. Sie werden bald merken, daß Ihre Perserkatze sich ganz auf Ihren Lebensrhythmus einstellt und keineswegs darunter leidet, wenn Sie morgens aus dem Haus gehen und erst abends wiederkommen. Natürlich müssen Sie sich dann abends intensiv mit der Katze beschäftigen, mit ihr spielen und schmusen, und natürlich darf die Fellpflege nicht zu kurz kommen. Sollten Sie aber trotzdem ein schlechtes Gewissen haben, dann legen Sie sich doch gleich zwei Katzen zu – am besten von Anfang an. Denn verwöhnte Einzelkatzen sind oft sehr auf ihren Besitzer geprägt und schätzen es ganz und gar nicht, wenn sie von einem Tag auf den anderen die Zuneigung ihres Besitzers mit einer weiteren Katze teilen müssen. Kätzinnen sind da meistens empfindlicher als die robusteren Kater, die die Zweitkatze meist gelassener aufnehmen. Doch wenn die Eingewöhnung der zweiten Katze mit Einfühlungsvermögen in die Gefühle der Erstkatze vorgenommen wurde, werden sich die zwei bald sehr gut vertragen. Perserkatzen vertragen sich auch gut mit anderen Katzenrassen.

Katzen und Hunde

Da Perserkatzen sehr verträglich sind, kommen sie auch gut mit anderen Haustieren aus. Der alte Spruch, daß sich Hund und Katze nicht vertragen, trifft in den meisten Fällen nicht zu. Bei der Perserkatze aber noch viel weniger. Wenn die beiden Tiere früh genug aneinander gewöhnt

Eigentlich darf er seine Inka ja nicht mit ins Bett nehmen . . .

Eine Begegnung ganz besonderer Art, der spätere Internationale Champion Carol's Angel, schild-patt-weiß, und die spätere Henne Berta, Rhodeländer.

wurden, dann können Hund und Perserkatze die besten Freunde werden. Mit einigem Einfühlungsvermögen kann man auch noch zwei erwachsene Tiere aneinander gewöhnen. Ganz wichtig bei diesen Katze-Hund-Beziehungen ist immer das Verhalten des Menschen. Er sollte seine Zuneigung gerecht verteilen und keinen bevorzugen.

Perserkatzen und kleinere Haustiere

Obwohl die Perserkatze eine sehr gute Mäusefängerin sein kann, wenn sie dazu Gelegenheit hat, ist ihr Jagdtrieb nicht so stark ausgeprägt, als daß man es ihr nicht beibringen könnte, daß die weiße Maus oder der Wellensittich oder ein anderes kleines Haustier für sie absolut tabu ist. Allerdings sollte man auch die Perserkatze nicht allzu lange unbeaufsichtigt mit dem »kleinen Volk« alleinlassen.

Kastration von Kater und Kätzin

Wer nicht züchten möchte, sollte seine Tiere rechtzeitig unfruchtbar machen lassen, das heißt beim Kater die operative Entfernung der

Hoden. Dieser kleine Eingriff wird unter Narkose ausgeführt, und schon am nächsten Tag kann der Kater wieder herumtollen. Bei der Kätzin gibt es mehrere Methoden, und der Tierarzt wird sich nach eingehender Untersuchung für die Operationsmethode entscheiden, die er für die günstigste hält. Die Kätzin sollte nach dem Eingriff einige Tage ruhig gehalten werden, damit die Wunde nicht aufbrechen kann. Besonders Sprünge vom Kletterbaum oder anderen erhöhten Plätzen sollten ihr verwehrt bleiben. Bei der Kastration verändern sich die Tiere nicht zu ihrem Nachteil, wie vielfach behauptet wird. Im Gegenteil, sie werden oft noch zutraulicher, wenden sich noch mehr ihrem Besitzer zu, spielen wieder wie kleine Kätzchen und sind rundum mit sich und der Welt zufrieden. Sollten Sie bemerken, daß Ihre Katze oder Ihr Kater Speck ansetzt, dann müssen Sie die Futterrationen etwas kürzen.

Über den günstigsten Zeitpunkt der Unfruchtbarmachung besprechen Sie sich rechtzeitig mit Ihrem Tierarzt. Man wartet in der Regel, bis die Tiere fast ausgewachsen sind. Perserkatzen gehören zu den Rassekatzen, die nicht als »sexy« verschrieen sind wie etwa die Siamesen. Die meisten Kater werden erst mit eineinhalb bis zwei Jahren geschlechtsreif, das gilt auch für manche Kätzinnen, deren sanfte Stimmchen auch bei den Rolligkeiten fast nie als störend empfunden werden.

Die kranke Perserkatze

Da Sie Ihre Perserkatze bei einem seriösen Züchter gekauft haben, muß man davon ausgehen können, daß sie gesund ist und schon die notwendigen Impfungen bekommen hat. Hier ist ganz besonders an die rechtzeitige Impfung gegen Katzenseuche und Katzenschnupfen zu denken. Katzen, die ins Freie dürfen, sollten – auch in Ihrem eigenen Interesse – gegen Tollwut geimpft sein. Auch wenn Perserkatzen durch ihr kostbares Aussehen manchmal den Eindruck erwecken, daß sie ganz besonders heikel und anfällig wären, so kann man doch sagen, daß eine vernünftig gehaltene, gut gepflegte Perserkatze im allgemeinen recht robust und widerstandsfähig ist und kaum krank wird. Sollte sich Ihre Katze aber eines Tages doch anders verhalten als sonst, matt herumliegen, das gewohnte Futter verweigern und auch nicht auf ihren geliebten Menschen reagieren, dann doktern Sie nicht selbst an ihr herum. Vertrauen Sie nicht auf die sieben Leben, die der Volksmund Katzen nachsagt, sondern suchen Sie gleich den Tierarzt auf. Achten Sie besonders auf folgende Symptome: Appetitlosigkeit über mehrere Tage hinweg, Müdigkeit und Apathie, heiße Nase und heiße Ohren, kleine Geschwüre an Lippen, Gaumen und Nasenspiegel.

Ältere Kätzinnen und kastrierte Kater sollten gelegentlich beim Harnlassen beobachtet werden, da sich Nieren- und Blasenerkrankungen leicht behandeln lassen, wenn sie rechtzeitig erkannt werden. Bemerkt man die Erkrankung – die sich im Anfangsstadium dadurch äußert, daß die Tiere meist erfolglos beim Harnabsetzen sind – aber zu spät, dann vergiften sich die Tiere in kürzester Zeit.

Ältere Kätzinnen und solche, die die »Pille« bekommen, können an einer Gebärmuttervereiterung erkranken, die sich dadurch bemerkbar macht, daß die Katze sehr viel trinkt und dick wird, was oft mit einer Trächtigkeit verwechselt wird. Auch hier muß schnell der Tierarzt aufgesucht werden, da meist die entzündete Gebärmutter operativ entfernt werden muß.

Neugierige Katzen, die oft stundenlang an einem zugigen Aussichtsplätzchen sitzen, bekommen leicht Augen- oder Bindehautentzündung, die man aber mit einer vom Tierarzt verschriebenen Salbe recht gut behandeln kann. Gerade Perserkatzen mit einem sogenannten guten Typ, einer extrem kurzen Nase und einem starken »Stop«, dieser Einbuchtung zwischen Stirn und Nase, sind etwas empfindlich im Augenbereich. Durch den »Stop« sind die Tränenkanäle ein wenig eingedrückt, und so bilden sich in den Augenwinkeln krümelige oder schmierige Ablagerungen, die man mit einem feuchten Lappen vorsichtig entfernt.

Wenn sich Ihre Perserkatze erbricht oder Durchfall hat, müssen Sie nicht gleich erschrecken. Zu kaltes oder zu hastig gefressenes Futter kann die harmlose Ursache sein. Auch wenn wir unsere Perserkatze täglich gründlich kämmen, leckt sie doch bei ihrer eigenen Putzpflege immer noch viele Haare ab, die dann in ihrem Magen unverdauliche Haarwürste, die sogenannten Bezoaren, bilden. Diese müssen von Zeit zu Zeit erbrochen werden. Man kann dies der Katze dadurch erleichtern, daß man ihr regelmäßig hartes Gras, zum Beispiel Cyperusgras oder Hafer, den man in einer kleinen Schale angepflanzt hat, anbietet. Wenn die Katze kein Gras frißt, dann sollte man ihr Butter oder spezielles »Katzen-Malz« anbieten, damit die unverdaulichen Haare mit dem Kot ausgeschieden werden können. Erbricht Ihre Katze aber keine Haarwürste und sind dem Erbrochenen oder dem Durchfall Schleim, Schaum oder gar Blut beigemengt, dann sollte man vorsichtshalber doch den Tierarzt aufsuchen.

Hartnäckiger Durchfall oder ständiges Erbrechen können die Anzeichen einer ernsthaften Erkrankung sein. Gutgehaltene und gepflegte Perserkatzen sollten eigentlich keine Hauterkrankungen haben, sind sie durch ihr dichtes Fell doch besser als andere Katzen geschützt. In größeren Zwingern tritt manchmal Pilzbefall oder gar Räude auf. Die Haut der befallenen Katzen wird schuppig und borkig. Die Behandlung ist gerade bei Langhaarkatzen besonders langwierig und kostspielig, aber auch hier hat die moderne Tiermedizin sehr wirksame Mittel entwickelt.

Auch die vornehme Perserkatze kann Flöhe bekommen, besonders wenn sie ab und zu mal in den Garten darf oder wenn Sie einen Hund besitzen. Zur Behandlung dieser ungebetenen Gäste dürfen keineswegs die Mittel verwendet werden, die für den Hund gedacht sind. Aber auch das sogenannte Flohhalsband sollte man der Langhaarkatze nicht länger als eine Stunde täglich umbinden. Die Perserkatze kann sowohl Flöhe als auch Würmer bekommen. Sie werden durch Kontakt mit befallenen Tieren, deren Kot oder durch Flöhe übertragen. Bei erwachsenen Tieren

Wie kommen wir hier nur wieder heraus? Perserkätzchen »von der Barkowswarte«.

So eine stattliche Smoke-Kätzin ist schon imponierend.

bemerkt man diese »Mitbewohner« im allgemeinen erst, wenn sie entweder ausgehustet, erbrochen oder mit dem Kot ausgeschieden werden. Bandwürmer kann man leichter feststellen. Am After der befallenen Katze und an ihrem Schlafplatz kann man die reiskornähnlichen Bandwurmsegmente erkennen. Beim Jungtier richten Würmer größeren Schaden an. Die kleinen Kätzchen kümmern, sie wirken dick, und ihr kleiner Bauch fühlt sich hart an. Ihr Fell wird glanzlos, struppig und bricht ab. Der Tierarzt verschreibt dem Tier schnell wirkende Mittel in Tabletten- oder Pastenform.

Katzen und Unfälle

»Neugier ist der Katzen Tod«, sagt ein altes Sprichwort. Und tatsächlich bringen sich viele Katzen, auch die ruhigen Perserkatzen, meist selbst in Gefahr. Bitte beachten Sie, daß Ihre Perserkatze nicht in Kontakt mit Schädlingsbekämpfungsmitteln wie Ratten- oder Mäusegift, Schnecken-

korn oder ähnlichem kommen kann. Auch wenn die Katze nicht davon frißt, sondern das Gift nur an die Pfoten oder ans Fell bekommt, wird sie es ablecken. »Erste Hilfe« muß hier wirklich in allerschnellster Zeit erfolgen, um überhaupt wirksam zu sein. Verlassen Sie sich nicht auf die Packungsangaben der Hersteller. Der Hinweis, daß ein bestimmtes Pflanzenschutzmittel beispielsweise nicht einmal Bienen gefährdet, besagt noch lange nicht, daß es der Katze nicht schaden kann.
Aber auch im Haushalt lauern Gefahren für eine neugierige Katze, und auch Perserkatzen sind neugierig. Lassen Sie die kleine Katze nicht an Elektrokabeln nagen, sie würde den elektrischen Schlag nicht überleben. Waschmittel und besonders Waschmittellauge an den Pfoten führen zu sehr schmerzhaften Verätzungen. Passen Sie auf, daß Sie die Katze nicht aus Versehen in der Waschmaschine mitwaschen. Viele Katzen schätzen die Wäschetrommel als Schlafplätzchen. Aber auch einige unserer beliebten Zimmerpflanzen sind für Katzen, die daran knabbern, gefährlich. Achten Sie auf Aronstabgewächse wie Anthurien, Efeutute, Philodendron, auf Orchideen, Wolfsmilchgewächse wie Weihnachtsstern, Geranien, Tulpen, Narzissen, Hyazinthen, Scilla, Goldregen, Maiglöckchen, Fingerhut, Wicken. Bieten Sie Ihrer Katze auf jeden Fall einen geeigneteren Ersatz an. Von Katzen ganz besonders gern angenommen wird das dekorative Cyperusgras. Aber auch Hafer, den Sie in einer kleinen Schale aussäen, wird geschätzt. Das harte, scharfkantige Gras erleichtert der Katze das Erbrechen der schon erwähnten Haarwürste.
Neugierige Katzen verbrennen oder verbrühen sich auch leicht. Besonders dann, wenn sie sich viel in der Küche aufhalten, was bei naschhaften Katzen ja meist der Fall ist. Versuchen Sie die verbrannte oder verbrühte Stelle sofort mit kaltem Wasser zu übergießen, und bieten Sie dem Tier viel Flüssigkeit zum Trinken an. Danach muß sofort der Tierarzt aufgesucht werden, da das Tier unter Schock steht. Für die Zukunft empfiehlt sich, die Katze beim Kochen aus der Küche zu sperren!
Läuft Ihre Katze lahmend oder hinkend herum, besteht der Verdacht, daß das Bein gebrochen oder verrenkt ist. Ein gebrochenes Bein hängt in der Regel schlaff herunter, das verrenkte Bein wirkt merkwürdig starr. Halten Sie das Tier davon ab, sich weiter zu bewegen, und bringen Sie es zum Tierarzt. Es muß aber nicht gleich ein Beinbruch sein. Die Katze kann sich auch an der Pfote verletzt haben. Entweder sind es harmlose Ballenrisse, die man mit Babyöl einreibt, oder aber die Katze hat sich einen Fremdkörper eingetreten. Wickeln Sie die Katze in ein Tuch, so daß

nur noch der Kopf und das verletzte Pfötchen herausschauen, und entfernen Sie den Dorn, Stachel oder die Reißwecke mit einer Pinzette.

Im Sommer werden Katzen auch in der Wohnung gern von Insekten gestochen. Bei der Pfote genügt es, den Stachel zu entfernen und kalte Umschläge zu machen. Bei einem Stich ins Mäulchen oder gar in den Hals muß man schnell reagieren, damit durch die entstehende Schwellung die Katze nicht erstickt. Die Katze braucht sofort eine Antihistaminspritze.

Ein verantwortungsbewußter Katzenbesitzer achtet darauf, daß seine Katze nicht unbewacht in einem Zimmer bleibt, dessen Fenster in Kippstellung geöffnet ist. Kippfenster sind wahre Katzenfallen, und schon manche Katze hat sich beim Sturz in die Fensterschräge stranguliert.

Auch die verwöhnte Perserkatze ist eigentlich eine robuste Katze, die selten krank wird. Sollte Ihr samtpfötiger Liebling aber doch einmal ernsthaft und über längere Zeit krank sein, denken Sie daran, daß gerade das kranke Tier besonderer Zuwendung bedarf. Sie wird deshalb in ihrer gewohnten Umgebung bei ihren Menschen wesentlich schneller gesund werden als in der noch so gut ausgestatteten modernen Tierklinik. Auch wenn die Katze Sie kaum wahrzunehmen scheint, braucht sie doch den vertrauten Ton ihres Menschen und seine Nähe. Wenn sie wieder gesund ist, wird sie Ihnen die viele Mühe mit noch größerer Zuneigung danken.

Die alte Perserkatze

Perserkatzen können bei guter Pflege und liebevoller Zuwendung sehr alt werden. Sie sind bis ins hohe Alter lustig und verspielt, doch werden die Ruhepausen natürlich länger. Die ältere Katze braucht mehr Wärme und Schlaf. Da die meisten Katzen ohnehin zu dick sind, braucht man dem Appetit nicht unbedingt nachzuhelfen. Doch sollte man beachten, daß sie genügend lebenswichtige Vitamine und Mineralstoffe zu sich nimmt. Da die Zähne im hohen Alter auch nicht mehr so recht mittun wollen, sollte man das Futter kleiner schneiden oder sogar pürieren. Rührt die Appetitlosigkeit der älteren Katze aber daher, daß sie fast nichts mehr riechen kann, hilft es oft, wenn man ihr stark riechende Hefeflocken oder eine von ihr besonders geschätzte Vitaminpaste oder Vitamintabletten ins Futter mischt. Füttern Sie leichte Kost wie gekochten, mageren Fisch oder gekochtes Hühnerfleisch.

Im hohen Alter trüben sich bei vielen Katzen die Augen. Aber auch wenn

Ihre Katze kaum noch sehen kann oder völlig erblindet ist, kann sie sich noch sehr gut in ihrer gewohnten Umgebung orientieren. Sie sollten dann allerdings die Möbel nicht mehr umstellen. Sie verunsichern sonst die Katze unnötig. Auch das Gehör läßt im hohen Alter nach. Die Katze wird vielleicht nicht mehr auf ihren Namen reagieren oder mehr miauen als früher. Erschrecken Sie Ihr »Alterchen« nicht, indem Sie sich ihr von hinten nähern. Sicher leidet die alte Katze am meisten darunter, wenn sie durch altersbedingte Blasenschwäche nicht mehr ganz stubenrein ist. Stellen Sie ihr mehrere Katzenklos hin, eines in der Nähe ihres Schlafplatzes.

Am schönsten ist es wohl für die Katze und ihren Besitzer, wenn die alte Katze eines Tages sanft einschläft und nicht mehr aufwacht. Doch leider ist es nicht jeder unserer geliebten Katzen gegeben, ein schmerzfreies Alter und einen sanften Tod zu erleben. Hier steht der Katzenbesitzer vor der schmerzvollen Entscheidung, seinem samtpfötigen Gefährten vieler schöner, gemeinsam erlebter Jahre den letzten Liebesdienst zu erweisen und ihm ein qualvolles Leiden zu ersparen. Überwinden Sie Ihre Scheu und Feigheit und überlassen Sie die Katze, die Ihnen jahrelang Freundschaft und Zuneigung entgegenbrachte, nicht einfach einer Sprechstundenhilfe, wenn sie der Tierarzt mit einer Spritze sanft und schmerzlos »einschläfert«. Lassen Sie den Tierarzt zu sich in die Wohnung kommen. Wenn er Sie und Ihre Katze schon lange kennt, wird er Ihnen diesen Wunsch nicht abschlagen. Setzen Sie sich mit Ihrem pelzigen Freund an sein Lieblingsplätzchen und lassen ihn dort sanft in Ihren Armen entschlafen.

Die gesunde Ernährung

Am einfachsten ist es natürlich für den Katzenhalter, wenn seine Katze Dosenfutter frißt. Wissenschaftler haben in jahrelangen, komplizierten Versuchen die katzengerechte Zusammensetzung der Dosennahrung herausgefunden. Vielerlei Geschmacksrichtungen werden angeboten, so daß auch die verwöhnteste Katze befriedigt werden kann. Aber es gibt immer wieder Katzen, die die leckerste Dosennahrung verschmähen. Für diese Schleckermäulchen müssen wir eben selbst eine Futtermischung zusammenstellen, die den Erkenntnissen der modernen Ernährungswissenschaften so weit wie möglich gerecht wird.

Wohl der »Show-König« der letzten Jahre, Internationaler Champion Nonstop vom Dükerberg, chinchilla.

Speiseplan. Eine gute, erprobte Futtermischung können Sie so zusammenstellen: 2 1/2 kg rohes Rinderherz, 1 1/2 kg rohes Rindfleisch, 2 1/2 kg gekochte Leber, 1 ausgebeintes, gekochtes Suppenhuhn, 500 g gekochte Lunge oder gekochte Kutteln (Magen), 250 g Aufbauflocken, 1 Tasse Futterkalk, 6 Tassen Welpenaufzuchtmehl, 2 zerdrückte Knoblauchzehen, 1 Bund feingehackte Petersilie. Man kann diese Mischung noch durch je 500 g gekochter Hühnerherzen, Hühnermägen und Hühnerlebern ergänzen. Zu der Mischung genügend Kochbrühe einrühren. Alle Zutaten werden in pfenniggroße Stücke geschnitten. Vielleicht läßt Ihnen Ihr Metzger alle Zutaten durch seinen Fleischwolf (größte Lochscheibe). So haben Sie viel Zeit und Arbeit gespart.
Die fertige Mischung wird in kleinen Plastikbechern eingefroren. Vor dem Füttern werden die aufgetauten Portionen mit Hefeflocken bestreut. Die durchschnittliche Perserkatze wiegt je nach Alter und Geschlecht zwischen 2,5 bis 4 kg. Demnach müßten 100 bis 150 g Futtermischung für eine Perserkatze bei ausreichender Bewegung täglich genügen. Ist

Ihre Perserkatze aber ein ganz besonders ruhiger Bürger, muß die Futtermenge entsprechend herabgesetzt werden, damit die Katze nicht zu dick wird, obwohl das unter dem dichten Fellkleid kaum auffällt. Junge Katzen, ebenso die älteren, bekommen zwei bis vier kleinere Mahlzeiten am Tag. Ansonsten genügen ein bis zwei Mahlzeiten am Tag.
Frisches Wasser in ausreichender Menge sollte immer bereitstehen. Viele Katzen bekommen von Milch Durchfall, andere genießen dafür ab und zu ein Schälchen Sahnequark mit einem Eigelb vermengt. Viele Katzenbesitzer füttern Ihre Katze mit Dosenfutter und bringen ihr nur ab und zu als Leckerei etwas Frisches vom Einkaufen mit. Achten Sie darauf, daß Ihre Katze nie rohes Schweinefleisch oder rohe Schweineinnereien frißt. Durch den Genuß von rohem oder halbrohem Schweinefleisch beziehungsweise -innereien kann die tödlich endende Aujeszky'sche Krankheit hervorgerufen werden.

In diesem praktischen Transportkoffer fühlt sich die schildpatt-weiße »Internationale Championesse Inka vom Checkpoint« sichtlich wohl.

Die Perserkatze im »Verein«

Um mit seiner Perserkatze züchten zu können oder um sie auf Ausstellungen zu zeigen, müssen Sie Mitglied im 1. Deutschen Edelkatzenzüchter-Verband e.V. (s. S. 64) sein.
»Der 1. DEKZV e.V. (1. Deutscher Edelkatzenzüchter-Verband e.V.) vereint Züchter, Halter und Freunde aller Katzenarten und vertritt deren Interessen mit dem Ziel der Förderung der Reinzucht und der Haltung der Katze als Heimtier. Dieses Ziel sucht er zu erreichen durch
☐ Zusammenschluß der Züchter und Liebhaber von Rassekatzen,
☐ Austausch von Zuchterfahrungen in Versammlungen und in der Fachpresse,
☐ wissenschaftliche Vorträge, theoretische und praktische Belehrung in allen Fragen der Zucht, Vererbung, Pflege, Ernährung und Wertbeurteilung,
☐ Vermittlung und Nachweis zuchtwerter Alt- und Jungtiere,
☐ Haltung und Nachweis von erstklassigen Zuchtkatern,
☐ Veranstaltung von Katzenschauen und Ausstellungen,
☐ Führung des Zuchtbuches und Erstellung von Stammbäumen,
☐ Fühlungnahme mit ausländischen, gleichartigen Züchterorganisationen,
☐ Ausbildung von Züchtern als Preisrichter.«
Der 1. DEKZV wurde 1922 von Konrad Hirschmann in Nürnberg gegründet. Bereits im Gründungsjahr wurde das Zuchtamt geschaffen. Das damit verbundene Zuchtbuch schuf die Grundlage für eine zielbewußte Katzenzucht. Bis zum Jahr 1932 waren schon rund 3000 Eintragungen zu verzeichnen. Bereits 1924 kam in Nürnberg die erste öffentliche Katzenausstellung zustande. Der Zweite Weltkrieg setzte aus verständlichen Gründen der Katzenzucht und dem Verband ein Ende. Aber schon 1949 gründete Konrad Hirschmann zusammen mit anderen ehemaligen Mitgliedern wieder den Verband. Seitdem hat sich der 1. DEKZV stetig vergrößert, und heute gehören diesem Katzenzüchterverband fast 7000 Katzenfreunde an.

Die Perserkatze
auf Ausstellungen

Auch wenn eine gutgepflegte Perserkatze eigentlich immer eine Augenweide ist, nimmt der ehrgeizige Züchter und Aussteller einige Strapazen auf sich, um seine Katze in Top-Form auf der Ausstellung zu präsentieren.
Um an der Ausstellung teilnehmen zu können, müssen nur geringe Formalitäten erledigt werden. Außerdem muß die Katze eine gültige Katzenseuche- und Tollwutschutzimpfung nachweisen können. Beide Impfungen dürfen nicht älter als ein Jahr und nicht frischer als vier Wochen sein. Es gibt Katzenseuche- und Tollwutschutz heute schon zusammen in einer Kombi-Spritze, so daß die Katze nur noch einmal gepiekt zu werden braucht. Für manche Ausstellungen müssen Sie außerdem noch eine Bestätigung Ihres Amtstierarztes beibringen, aus der hervorgeht, daß an Ihrem Wohnort keine Haustiertollwut herrscht.
Von der Ausstellungsleitung des 1. DEKZV werden in der Ausstellungshalle moderne, luftige Aluminiumkäfige aufgestellt, in der die Katze während der zwei Ausstellungstage verbleiben muß. Abends müssen Sie Ihre Katze selbstverständlich nach Hause oder mit ins Hotel nehmen. Damit sich die Tiere während der Ausstellungszeit nicht ständig sehen können und auch damit es gefälliger aussieht, werden die Käfige von den Besitzern innen mit einem Vorhang ausgekleidet, den Sie leicht selber herstellen können. Die Käfigmaße sind 70 x 70 x 70 cm. Die Vorderseite des Käfigs muß freibleiben, da die Zuschauer die Katzen ja auch sehen möchten. Den Käfigboden legen Sie zweckmäßigerweise mit einem passenden Stück Teppichfliese aus. Außerdem benötigt die Katze in ihrem »Mini-Reich« noch eine kleine Kloschale und einen Wassernapf.
Für den Transport braucht sie außerdem noch einen großräumigen, robusten Reisekoffer oder -korb, in dem sie die Reise gemütlich überstehen kann.

Vorbereitungen für den Ausstellungstag

Die Vorbereitung einer Perserkatze für eine Ausstellung ist sehr kompliziert, jede Farbvarietät und jede Haarqualität hat da ihre eigenen Erfordernisse, die man eigentlich erst nach einigen Ausstellungen richtig erkennt. Fragen Sie erfahrene und vor allen Dingen erfolgreiche Aussteller nach ihren Tricks und Mitteln. Obwohl der Besuch einer Ausstellung für den Züchter und Liebhaber – es können auch kastrierte Tiere ausgestellt werden – wirklich eine sehr teure Angelegenheit ist, und man deswegen meinen sollte, daß die Tricks nur so unter der Hand gehandelt werden, sind die meisten erfolgreichen Aussteller gerne bereit, dem Neuling wirklich mit Rat und Tat beizustehen. Am besten fragen Sie den Züchter Ihrer Katze oder auf der Ausstellung den Käfignachbarn. Überbewerten Sie aber die Vorbereitung und all die kleinen Kniffe und Tricks nicht. Auch ein Vollprofi-Aussteller kann aus einem »häßlichen kleinen Entlein« keinen »Ausstellungs-Schwan« zaubern. Und es haben schon einige wirklich schöne Katzen, die von total unerfahrenen Ausstellern gänzlich unvorbereitet gezeigt worden sind, die höchsten Preise errungen.

»Knöpfchen,« die schildpattfarbene Katze, scheint nur aus Augen zu bestehen ...

Das gängige Rezept für die Vorbereitung zur Ausstellung sieht in etwa so aus: Zwischen dem zehnten und sechsten Tag vor dem großen Ereignis wird die Katze gebadet, in den nächsten Tagen wird sie kräftig gepudert. Am Tag vor der Ausstellung wird der gesamte Puder herausgebürstet, und dann sollte alles in Ordnung sein. Aber jede Farbe hat da wirklich ihr eigenes Patentrezept, das Ihnen nur der langjährige Züchter und Aussteller dieser Varietät verraten kann. Obwohl alle Perserkatzen Perserkatzen sind, haben doch einige eine andere Haarqualität, die dann auch wieder eine andere Vorbereitung erfordert.

Das Baden einer gesunden, kräftigen Perserkatze erfordert die Kraft und Energie zweier gesunder, kräftiger Menschen! Im gutgeheizten Badezimmer legen Sie folgende Gegenstände bereit: mehrere große Badetücher, ein Baby-Shampoo oder ein Katzen-Spezialshampoo, einen sehr, sehr leisen, aber starken Fön, mehrere Kämme und Bürsten, Wattestäbchen, Babypuder oder einen Spezialkatzenpuder, den es auch für die verschiedenen Fellfarben gibt, Jod, Heftpflaster, 1 kleine Schere und 1 Flasche Cognac, die letzteren Gegenstände brauchen Sie für sich, um Kratzwunden zu behandeln und schließlich, um auf das gelungene Werk anzustoßen. Lassen Sie in der Badewanne etwa 10 cm hoch gut warmes Wasser mit der Handbrause einlaufen. Die Handbrause dabei unter das Wasser halten, damit kein Geräusch entsteht, das die Katze erschreckt. Vorsichtig die Katze mit der Brause oder, wenn sie darauf mit Ausbruchversuchen reagiert, mit einem Wasserbecher am ganzen Körper naß machen. Widerstehen Sie der Versuchung, in leichtbekleideten Zustand die Katze baden zu wollen. Sicher, im Bad ist es heiß, und Sie kommen leicht ins Schwitzen. Aber wenn Ihnen die Katze mehrmals entwischt und dabei jedesmal den Weg über ihren nackten Rücken nimmt, würden Sie lieber in einem dicken Pullover geschwitzt haben. Perserkatzen, die schon öfters ausgestellt wurden, reagieren mit der Zeit gelassener auf das Schönheitsbad. Verteilen Sie das Shampoo auf der Katze (Augen, Nase, Mund und Ohren natürlich aussparen), und bringen Sie es zum Schäumen. Dann vorsichtig den ganzen Schaum wegspülen. Das Wasser muß wirklich glasklar ablaufen. Danach die Katze in die Badetücher wickeln und trockenrubbeln. Versuchen Sie, die Katze mit den Handtüchern so trocken wie möglich zu bekommen, damit Sie nicht zulange fönen müssen. Denn das schätzen die meisten Perserkatzen noch viel weniger. Die trockengefönte Katze sollte die Nacht noch im warmen Badezimmer verbleiben, damit sie sich nicht erkältet.

Daß die Ohren sauber sind, sollte ja selbstverständlich sein. Genauso selbstverständlich sollte es auch sein, daß die Katze wirklich topfit ist. Kranke oder noch nicht wieder ganz gesunde Katzen gehören nicht auf eine Ausstellung.

Was muß noch beachtet werden?

Einige Stunden vor Antritt der Fahrt sollte die Katze nicht mehr gefüttert werden, damit sie sich auf der Fahrt nicht beschmutzt. Sei es, daß sie sich der Reisekrankheit wegen erbricht oder sich versehentlich in ihr »großes Geschäft« setzt. Bevor Sie losfahren, überzeugen Sie sich, daß Sie alle Papiere dabei haben: Impfzeugnis, Anmeldebestätigung und Ihre eigenen Papiere wie Führerschein und Personalausweis. Dann noch Futter für die zwei Ausstellungstage, ein größeres Katzenklo für die Nacht im Hotel. Nehmen Sie noch Papiertaschentücher und einen feuchten Waschlappen mit, falls Ihrer Katze unterwegs doch ein kleines Malheur passiert. Rauchen Sie auf der Fahrt nicht mehr als unbedingt nötig, und achten Sie besonders darauf, daß Ihre Katze während der Fahrt nicht in Zugluft sitzt. Durch Rauch und Zugluft bekommen besonders Perserkatzen leicht tränende Augen.
Selbstverständlich müssen Sie nicht mit dem Auto zur Ausstellung fahren. Viele Katzen schätzen die Fahrt im Auto überhaupt nicht. Da ist dann die Eisenbahn günstiger. Aber auch mit dem Flugzeug kann man sehr bequem zur Ausstellung kommen. Manchmal werden von den verschiedenen Ortsgruppen des 1. DEKZV sehr preisgünstige Sondertarife ausgehandelt und angeboten.
Auf der Ausstellung wird die Katze vom Ausstellungstierarzt untersucht, um das Ansteckungsrisiko für alle beteiligten Katzen so gering wie möglich zu halten. Beim 1. DEKZV werden die Katzen anonym gerichtet, deshalb wird ihnen ein Halsbändchen mit einer Nummer umgehängt.

Der Ausstellungstag

Außer den vielen schönen Katzen kann man auf einer Katzenausstellung noch sehr viel mehr sehen. Zahlreiche Verkaufsstände für all die vielen

Dinge, ohne die die Katze von Welt scheinbar nicht auskommen kann. Informationsstände der verschiedensten Tierschützergruppen, die vom 1. DEKZV kostenlose Standplätze angeboten bekommen und der große Informationsstand des 1. DEKZV selbst, an dem Sie alle möglichen Prospekte, Informationen und Fachzeitschriften erhalten. Außerdem kann man Sie dort bei vielen Fragen und Problemen der Zucht, der Haltung und Pflege von Katzen beraten. Im Laufe des Vormittags beginnt das Richten der ausgestellten Katzen. Im Gegensatz zu Hundeausstellungen werden die Katzen nicht von ihren Besitzern, sondern von sogenannten Stewards dem Richter vorgestellt.

Beim Richten kann jeder Besucher oder Aussteller zuschauen und zuhören. Sie erfahren hier von kompetenter Seite, was an Ihrer Katze besonders schön, harmonisch und standardgerecht ist. Aber auch, was dem Richter noch nicht so ausgereift erscheint. Die Arbeit der Richter ist gerade bei den Perserkatzen sehr, sehr schwer. Der Stand der in Deutschland gezüchteten Tiere ist sehr hoch, und die Tiere sind alle so schön, daß wirklich schwer zu entscheiden ist, wer denn nun am allerschönsten ist.

Eine stattliche Familie, dieser creme Kater Arpad, Antonio vom Brettachtal mit seinen beiden Damen in creme und blaucreme.

Tieforange Augen in sanftem cremefarbigem Fell – so präsentiert sich Orlando von der Barkowswarte.

Wie wird man eine preisgekrönte Katze?

Die Ausstellungskatzen werden in verschiedene Klassen eingeteilt, um jeder Rasse und Altersstufe gerecht zu werden. Diese Klassen, die außerdem noch nach Geschlechtern getrennt sind, beginnen bei den »kitten«, den drei bis sechs Monate alten Kätzchen. Danach kommen die Größeren, die sechs bis zehn Monate alten Jungtiere. Ab dem zehnten Monat beginnt die Erwachsenenklasse, die »offene« Klasse. Hier geht es schon ums Ganze, um die Siegeranwartschaften »CAC« (Certificat d'Aptitude de Championat).
Drei solcher CAC, von drei verschiedenen Richtern auf drei verschiedenen Ausstellungen erworben, berechtigen den Besitzer dieser schönen Katze, sie »Champion« zu nennen. Außerdem wird ihr Name jetzt in den Stammbäumen ihrer Jungen in roter Farbe eingetragen. Je »röter« so ein Stammbaum ist, desto begehrter die Jungtiere.

Die Champions gleicher Rasse, Farbe und gleichen Geschlechts konkurrieren wieder untereinander um das CACIB (Certificat d'Aptitude de Championat International). Nach drei Siegen, von denen einer im Ausland errungen werden mußte, kann sich die Ausstellungsschönheit »Internationaler Champion« nennen. Als letzte Stufe auf der Ehrenleiter kann er jetzt nur noch für den »Grand International Champion« konkurrieren. Hierfür muß er entweder dreimal Rassesieger oder zweimal Rassesieger und einmal nominiert für »best in show« gewesen sein.

Unter all den Tieren, die in einer Farbe einer Rasse ausgestellt werden, wird ein Rassesieger gewählt. Das kann genausogut ein klitzekleines Kitten wie ein stattlicher Internationaler Champion sein. Allerdings muß die Katze zuvor mit einem »vorzüglich 1« bewertet worden sein. Als Krönung der Ausstellung wird dann noch ein »best in show«-Tier gewählt, das dann als Ausstellungskönig beziehungsweise Ausstellungskönigin anzusehen ist. Jeder Richter, der ja nur eine bestimmte Anzahl von Katzen zu bewerten hat, nominiert aus seiner Gruppe das schönste Tier. Diese Katzen werden dann noch einmal von all den anderen Richtern begutachtet und dann in geheimer Abstimmung der Ausstellungssieger ermittelt.

Jede ausgestellte Katze erhält eine schriftliche Bewertungsurkunde, aus der Sie schwarz auf weiß ersehen können, was zu der jeweiligen Bewertung des Richters geführt hat. Selbstverständlich können auch kastrierte Tiere und Hauskatzen an der Ausstellung teilnehmen und höchste Titel und Ehren erringen. Die preisgekrönten Katzen erhalten Schleifen, Kokarden und Pokale. Die Ausstellung ist an beiden Ausstellungstagen, Samstag und Sonntag, jeweils von 9 bis 18 Uhr geöffnet.

Die Perserkatze als Zuchtkatze

Bevor Sie sich entschließen, mit Ihrer Perserkatze zu züchten – und schon ein einziger gewollter und geplanter Wurf ist Zucht –, sollten Sie sich auf einer Ausstellung darüber informieren, ob Ihre Katze wirklich standardgerecht ist. Bitte züchten Sie wirklich nur mit hervorragenden, standardgerechten, aber auch charakterlich einwandfreien und gesunden Tieren. Gerade bei der Perserkatze glauben viele Katzenfreunde, daß sie schon einmal einen Wurf wagen können, ohne sich große Gedanken um züchterische Ideale zu machen. Sie glauben, jeder Perserkater und jede Perserkatze seien füreinander geschaffen. Sicher sind die kleinen Kätzchen, die aus solchen Zufallspaarungen – Zufall deshalb, weil meistens der Kater ausgesucht wird, der zufälligerweise gerade am nächsten wohnt – entstehen, genauso niedlich und kuschelig wie die meisten kleinen Perserkatzen. Aber ob sie den Anforderungen des Standards auch nur annähernd entsprechen, das muß oft in Frage gestellt werden. Bitte, werten Sie die oft jahrzehntelange Arbeit von ernsthaften Züchtern nicht dadurch ab, indem Sie Ihre Perserkatze von dem am leichtesten zu erreichenden Deckkater belegen lassen.

Verantwortung des Züchters

Lassen Sie sich aber auch nicht von dem gewiß überaus reizenden Bild einer stattlichen Perserkatze mit ihren wuscheligen Jungen dazu verleiten, selbst züchten zu wollen. Züchten heißt nicht nur kleine, niedliche Kätzchen großziehen. Züchten heißt vor allen Dingen Verantwortung. Verantwortung nicht nur für jedes einzelne Tier, das von Ihnen nur an ein gutes, dauerhaftes Heim abgegeben werden sollte. Es heißt vor allen Dingen auch Verantwortung für die Rasse. Verantwortung in dem Sinne, daß Sie nicht einfach nur Kater und Kätzin zusammenbringen, sondern daß Sie auch bei allen ehrgeizigen Zuchtplänen immer die Gesundheit der Katze im Auge behalten müssen. Bei allem Ehrgeiz darf nicht übersehen werden, daß immer größere Köpfe, immer längeres Fell, immer kürzere Nasen und immer stärkerer »Stop« bei immer stärkerem Vorbiß die Perserkatze lebensuntüchtig machen. Das soll und kann nicht Ziel der Perserkatzenzucht sein. Genauso wenig darf aber der bisher erreichte Standard verwässert werden, indem viele Perserkatzenfreunde meinen, der Anschaffungspreis der Katze müsse durch einen Wurf »wieder hereinkommen«! Das ist nicht Zucht, sondern schlicht und einfach Vermehrung.

Bevor Sie Ihren ersten Wurf großziehen, muß Ihre Zucht oder Cattery einen eigenen Familiennamen, den sogenannten Zwingernamen, haben, den Sie beim 1. DEKZV beantragen müssen. Jeder Zwingername darf nur einmal innerhalb der FIFe (Féderation International Féline) existieren. Die FIFe ist der Dachverband der Edelkatzenzüchter-Verbände der meisten europäischen und einiger außereuropäischen Länder.

Deckkaterhaltung

Die Haltung eines eigenen Deckkaters dürfte sich für den Anfänger noch nicht lohnen. Der Deckkater ist nämlich nicht einfach nur die männliche Ausgabe einer Kätzin, er hat außerdem auch noch ein paar lästige Angewohnheiten. Eine davon dürfte wohl die schwerwiegendste sein – er markiert sein Revier; in diesem Fall also Ihre gepflegte Wohnung. Wer schon einmal einen Besuch im Raubtierhaus eines Zoos gemacht hat, kann sich in etwa vorstellen, wie das riecht. Wenn Sie also nicht alle Freunde und Verwandten verlieren wollen, müssen Sie sich als Katerhalter schon darauf einstellen. In den meisten Fällen wird der Kater ein eigenes – meist etwas abgelegenes Zimmer oder aber ein eigenes Katerhaus im Garten erhalten.

So ein Katerhaus muß, wenn es allen Anforderungen, die man an so ein Domizil stellen sollte, teuer werden. Ein anderer Grund, warum sich der Neuling noch nicht gleich einen eigenen Kater zulegen sollte, ist die Potenz eines Katers. Ein gesunder, gutgehaltener und gutgepflegter Kater ist eigentlich das ganze Jahr über Minnediensten nicht abgeneigt und kann dann etwas ungnädig werden, wenn seine Kräfte so ganz brachliegen. Er singt laute Katergesänge, wird mißlaunig und kann sogar aggressiv werden. Kätzinnen kommen aber nur dann zu Besuch beziehungsweise werden nur dann gebracht, wenn der Kater durch Ausstellungserfolge oder besonders schönen Nachwuchs schon einen Namen hat. Kater sollten daher so oft wie möglich ausgestellt werden. Aber auch aus einem anderen Grund: Ein Kater vererbt sich naturgemäß wesentlich häufiger als eine Kätzin. Daher sollte gewährleistet sein, daß er wirklich im allerhöchsten Maße den Anforderungen des Standards entspricht. Sollte sich aber herausstellen, daß er zwar optisch einwandfrei ist, aber Wesensmängel wie Unsauberkeit, unschöne Charaktereigenschaften, zum Beispiel Scheuheit, oder gar gesundheitliche Mängel wie Vor- oder Überbiß, Einhodigkeit oder ähnliches vererbt, dann sollte der Züchter so korrekt sein und seinen Kater, im wahrsten Sinne des Wortes, aus dem Verkehr ziehen. Mehrere Katzengenerationen können von einem gut oder schlecht vererbenden Kater geprägt sein.

Natürlich darf der Kater in seinem Extra-Zimmer oder seinem Katerhaus nicht ganz allein gelassen werden. Er hat weiterhin Ansprüche auf Zuwendung und Streicheleinheiten. Man sollte ihm ein möglichst kastriertes Tier als Gefährten zugesellen und sich aber dennoch jeden Tag außer zum Füttern, Fellpflege und Putzen noch Zeit für den Kater nehmen.

Internationaler Champion Carol's Angel, schildpatt auf weiß.

Paarung

Die Paarung zweier Katzen ist wohl die romantischste Tierhochzeit. Die zwei Tiere, die nicht jünger als zwölf Monate sein dürfen, eher ein wenig älter – Perserkater sind ohnehin meistens Spätentwickler –, gehen nämlich nicht gleich zur Sache. In den meisten Fällen ziert sich die Kätzin noch einige Zeit, bis sie sich von den Annäherungsversuchen des Katers betören läßt. Sehr sensiblen Katern sollte man beim ersten Mal keine Kätzin bringen, die sehr energisch ihre Keuschheit verteidigt. Der Kater kann einen solchen Schock bekommen, daß er so schnell oder gar nicht mehr bereit ist, eine Kätzin zu decken. Eine erfahrene Kätzin, die sich nicht so »ziert«, ist hier angebracht. Das gleiche gilt aber auch für die junge Kätzin. Ein allzu forscher Kater, der gleich zur Sache schreiten will, kann die Kätzin gleich so in Abwehrhaltung bringen, daß sie gar nicht mehr rollig ist. Gut ist es da, wenn der Katerraum so beschaffen ist, daß sich die Tiere am Anfang nur sehen und riechen können und erst dann zueinander gelassen werden, wenn der erfahrene Katerbesitzer erkennt, daß auf beiden Seiten der Widerstand gebrochen ist. Ein erfahrener, lieber Kater wird aber die Schöne solange mit Katergesängen, deren Lieblichkeit nur der Kätzin verständlich ist, umwerben, bis sie ihn erhört. Sollte jemand das Glück haben, daß er den Kater doch im Haus zusammen mit seinen Kätzinnen halten kann, der wird beobachten können, daß es unter Katzen richtige »alte Ehepaare« gibt, die ganz reizend zusammen leben.

Trächtigkeit, Geburt und Aufzucht der jungen Perserkatzen

Ob die Kätzin sich decken ließ, kann man an dem durchdringenden Deckschrei oder an den herumliegenden Haaren erkennen. Ob sie allerdings aufgenommen hat, kann man erst nach etwa drei bis vier Wochen merken, wenn sich die Zitzen leicht rosa verfärben. Sie werden größer und fester und treten leicht aus dem Fell hervor. Die Kätzin wird noch anhänglicher und sucht verstärkt die Nähe des Menschen. Ab der fünften Woche wird sie langsam etwas fülliger, obwohl man dies nur erfühlen kann. Denn das dichte, lange Fell verdeckt die Trächtigkeit noch einige Zeit. Während der Tragzeit sollte die Kätzin nicht mehr zu fressen bekommen als vorher, nur sollte man darauf achten, daß sie genügend Vitamine

und Mineralstoffe zu sich nimmt. Es gibt ausgezeichnete Multivitaminpräparate, die von den meisten Katzen gern gefressen werden.
Die Tragzeit der Perserkatzen beträgt etwa 65 bis 68 Tage. Ist die Kätzin kurz vor der Geburt sehr dick, kann es vorkommen, daß sie sich hinten nicht mehr putzen kann. Man sollte sie dann nach dem Klo-Besuch mit einem feuchten Tuch säubern. Kurz vor der Geburt empfiehlt es sich auch, die Haare um den Genitalbereich etwas abzuschneiden. Da die Köpfchen der kleinen Perserkatzen durch jahrzehntelange Zuchtauslese sehr viel breiter als die von Hauskatzen oder schlanken Katzenrassen sind, kann es bei der Geburt manchmal zu Komplikationen kommen. Informieren Sie Ihren Tierarzt von der bevorstehenden Geburt, damit Sie ihn erforderlichenfalls auch nachts oder am Wochenende erreichen können.
Bereiten Sie schon einige Tage vor dem erwarteten Geburtstermin der Kätzin eine Wurfkiste. Am besten in der Nähe Ihres Bettes, damit Sie auch in der Nacht gleich merken, wenn es »losgeht«. Normalerweise frißt die Kätzin am Tag der Geburt nichts mehr, sie sucht ständig ihr Klo auf und wühlt in der Wurfkiste. Die Wurfkiste sollte etwa 40 bis 50 cm groß sein, damit sich die Kätzin bei den Wehen mit den Hinterpfoten abstützen kann. Neben der Wurfkiste sollte bereit liegen: ein Extra-Körbchen für die neugeborenen Kätzchen, das mit einem Heizkissen, eingestellt auf die niedrigste Temperaturstufe, ausgelegt ist. Saubere Handtücher und ein paar Frotteewaschlappen, eine desinfizierte Schere, Vaseline oder eine Einwegspritze mit Öl, um bei schwierigen Geburten die Scheide etwas gleitfähiger zu machen. Außerdem empfehlen sich wehenstärkende Mittel, die man sich vom Tierarzt verschreiben lassen kann. Es gibt da unschädliche homöopathische Mittel, über deren richtige Handhabung man sich aber genau von einem erfahrenen Tierarzt oder, besser noch, von einem erfahrenen Züchter unterrichten lassen sollte. Der telefonische Kontakt zu einem erfahrenen Züchter ist oftmals für den neuen, noch unerfahrenen Züchter eine große Erleichterung. Nicht vergessen sollte man auch Tropfen, die den Kreislauf und die Atmung bei den manchmal durch die lange Geburt geschwächten Kätzchen in Gang bringen. Die Wurfkiste sollte mit sauberen Tüchern ausgelegt sein, die man bei Bedarf leicht wegziehen kann. Frotteetücher sind nicht so gut geeignet, da sich die kleinen Kätzchen mit den winzigen Krallen in den Schlingen verfangen können. Mit Frotteetüchern kann man aber sehr gut die neugeborenen Kätzchen abrubbeln.

Wenn der Besitzer unsicher ist, ob der Geburtstermin nicht schon überschritten ist, die Kätzin aber noch munter herumläuft, klare Augen und ein kaltes Schnäuzchen hat, besteht noch kein Grund zur Beunruhigung. Scheint die Kätzin aber matt, hat sie schon einige Wehen gehabt und dann lange keine mehr, sollte der Tierarzt verständigt werden. Vielleicht hat sie eine langanhaltende Wehenschwäche oder überhaupt keine Wehen mehr. Vielleicht liegen die Jungtiere aber auch quer zum Geburtskanal, dann kann nur noch ein Kaiserschnitt helfen. Routinierten Katzen-Fachtierärzten oder auch manchen erfahrenen Züchtern gelingt es manchmal sogar, das Jungtier zu drehen, so daß es doch noch normal geboren werden kann. Aber Kaiserschnitte sind bei Perserkatzen nicht selten, oftmals bekommt die Kätzin beim nächsten Wurf die Jungen dann ganz normal. Wenn die Geburt aber normal verläuft, und das tut sie doch in den meisten Fällen, dann folgen den ersten Wehen, die wir als leichtes Zittern oder Beben am Bauch der Kätzin erkennen können, die Preßwehen. Manche Kätzinnen setzen sich dazu in Hockstellung, ähnlich wie beim Kotabsetzen, junge, unerfahrene Kätzinnen setzen ihre Jungen manchmal »aus Versehen« gar in der Kloschüssel ab. Bei den stärkeren Wehen kann man schon die weiße Fruchtblase erkennen, die immer weiter aus der Scheide gedrückt wird. Mit einer weiteren kräftigen Wehe erscheint dann das ganze Junge. Meist sind die Kätzinnen so erschöpft, daß man jetzt ein bißchen eingreift und dem Neugeborenen vorsichtig mit einem Papiertuch das Gesicht und das Näschen reinigt, damit es atmen kann. Wenn die Mutterkatze das Jungtier nicht selbst abnabelt, schneiden Sie die Nabelschnur etwa 5 cm vom Körper entfernt ab. Viele Perserkätzinnen können gar nicht mehr selbst abnabeln, da sie den schon erwähnten Vorbiß haben. Auch wenn die Kätzin nicht selbst abnabelt, sollten Sie ihr die Nachgeburt zum Fressen anbieten, da diese Stoffe enthält, die für die Mutterkatze wichtig sind. Achten Sie bei der Geburt darauf, daß zu jedem Jungtier auch eine Nachgeburt ausgestoßen wird. Geben Sie gegebenenfalls wehenstärkende Mittel. Manchmal kommt die Nachgeburt erst vor der Geburt des nächsten Geschwisterchens. Sollte über einen unverhältnismäßig langen Zeitraum eine Nachgeburt im Körper der Mutterkatze verbleiben, sollte der Tierarzt aufgesucht werden, da eine Infektion eintreten kann. Sind alle Jungtiere geboren, wird das Lager der Mutter vorsichtig gesäubert, und die Jungtiere werden ihr angelegt. Die meisten Perserkatzen sind gute Mütter. Sollte die Kätzin die Jungen jedoch nicht annehmen, da sie von der Geburt so geschwächt ist, muß man nicht gleich verzweifeln. Die Jungen müssen nicht unbedingt gleich nach der Geburt trinken, ein paar Stunden geht es auch ohne. Halten Sie die kleinen Kätzchen warm, vielleicht entwickelt eine andere Katze aus Ihrem Haushalt mütterliche Gefühle für die kleinen, fiepsenden Geschöpfe. In der Zwischenzeit versuchen Sie für den Notfall eine Amme aufzutreiben. Manchmal braucht man sie nur für ein paar Stunden, bis sich die Mutterkatze wieder erholt hat.

Meist ist eine Amme aber überhaupt nicht notwendig, denn die Mutterinstinkte sind gerade bei den Katzen besonders gut ausgeprägt. Sollten Sie die kleinen Kätzchen selbst aufziehen müssen, machen Sie sich vorher Gedanken darüber, ob Sie diese Prozedur überhaupt durchhalten. Die Kleinen brauchen die erste Woche alle zwei Stunden Nahrung – auch nachts. Dann müssen die kleinen Bäuche massiert werden, damit der Stuhlgang abgehen kann.

Nach der Geburt sollte man seiner Kätzin einen Krafttrunk aus einem verquirlten Ei mit Dosen- oder Spezialkatzenmilch anbieten. Sie hat sehr viel Flüssigkeit verloren und Schwerstarbeit geleistet. Während der Zeit,

So ganz gewogen scheint die rotgestromte »Internationale Championesse Hummel vom Fluhenstein« dem Fotografen ja nicht zu sein.

in der die Kätzin die Kleinen voll ernährt, sollten Sie ihr soviel Futter anbieten, wie sie mag. Da sie in der ersten Zeit ihr Lager kaum verlassen wird, sollten Futter-, Milch- und Wassernapf gleich neben der Wurfkiste stehen. Auch wenn die Kätzin sonst keine Milch mehr bekommt, braucht sie jetzt eine tägliche Milchmahlzeit; zusätzliche Vitamin- und Kalkgaben sind nicht zu vergessen. Noch ein paar Tage nach der Geburt kann aus der Scheide der Mutterkatze etwas grünlich-brauner Ausfluß kommen. Das ist normal und kein Grund zur Beunruhigung. Anders ist es, wenn die Kätzin dicken, dunklen und blutigen Ausfluß hat. Hier muß sofort der Tierarzt aufgesucht werden, da es sich um eine Gebärmutterentzündung handeln kann.

Nach etwa 10 bis 14 Tagen öffnen die kleinen Kätzchen die Augen. Drei Wochen später kommen die kleinen Zähnchen durch, und man muß jetzt den Kätzchen festes Futter anbieten. Am besten das gleiche, das die Mutterkatze auch bekommt, nur etwas feiner geschnitten. Sollte sich die Mutterkatze jedoch auf ein bestimmtes Futter kaprizieren, und wollen Sie die Jungen aber abwechslungsreicher und vielseitiger ernähren, empfiehlt sich dieser Futterplan:

Morgens: 1 Teelöffel Katzen-Spezialmilch, 1 Teelöffel Schmelzflocken oder Aufbauflocken und eine Messerspitze Murnil gut miteinander vermischen und mit 4 Teelöffeln warmem Wasser verrühren.

Mittags: Gekochte Niere, rohes Rinderherz, gekochte Leber oder gekochten Fisch oder gekochtes Hühnerfleisch.

Abends: Für diese Hauptmahlzeit wird 100 g Rinderhack mit 1 rohen Ei vermischt, dazu ein gehäufter Teelöffel Welpenaufzuchtmehl, dazu etwas Boneforte Kalk. Man kann auch Algenmehl oder Knoblauchpulver zusetzen. Viele kleine Katzen haben schon jetzt eine Vorliebe für Hefeflocken. Zum Schluß noch 100 g Katzenfutter aus der Dose hinzufügen und alles gut miteinander vermischen.

Trockenfutter (in Milch eingeweicht) und frisches Wasser sollten immer zur Verfügung stehen. Sobald die kleinen Kätzchen das erste feste Futter annehmen, muß man ihnen neben der Wurfkiste ein kleines Katzenklo anbieten. Man darf diesen Zeitpunkt nicht verpassen, da er sehr wichtig ist für die absolute Stubenreinheit. Die kleinen Kätzchen verstehen den Sinn des Klos sehr viel besser, wenn man ihnen etwas verbrauchte Streu aus der Toilette der Mutterkatze einfüllt.

Mit der Zeit werden die kleinen Kätzchen immer lebhafter, und bald ist die Wurfkiste für alle zu klein geworden. Man sollte die Kleinen aber jetzt nicht einfach in der ganzen Wohnung herumlaufen lassen. Zu schnell ist man über eines gestolpert oder gar darauf getreten. Aber es ist auch für die Kleinen sehr schwer, sich über längere Entfernungen noch an den Standort des Katzenklos zu erinnern. Man sollte ihnen einen Teil des Wohnraums oder eines anderen Zimmers, in dem sich die Familie am häufigsten aufhält, abtrennen, so daß sie zwar für sich sind, aber doch am ganzen Familienleben teilnehmen können. So nach und nach läßt die Mutterkatze die Jungen nicht mehr bei sich saugen. Trotzdem suchen die kleinen Kätzchen so lange wie möglich Trost und Zuflucht an der warmen, mütterlichen Milchquelle. Mit acht Wochen sollten die Kätzchen entwurmt werden, kurz danach ist auch die erste Schutzimpfung gegen Katzenseuche fällig.

Gewöhnen Sie die kleinen Kätzchen schon von den Tagen, an denen sie herumlaufen können, an die tägliche Fellpflege. Auch wenn es noch nichts zu kämmen gibt, da die Mutterkatze dies noch alles erledigt, sollten sie aus dem täglichen Kämmen ein angenehmes, unterhaltendes Spiel für die Kleinen machen. Sie haben dann später mit den erwachsenen Katzen keine Probleme bei der Fellpflege. So langsam ist es auch an der Zeit, sich nach Interessenten für die kleinen Kätzchen umzuschauen. Sicher, die Katzen werden erst mit 12 bis 13 Wochen, nach der zweiten Schutzimpfung gegen Katzenseuche, abgegeben. Aber so hat der Züchter genügend Zeit, sich die zukünftigen Katzenbesitzer genau anzuschauen. Gerade Perserkätzchen mit ihrem flaumigen Fell und dem Babygesicht veranlassen viele Menschen zu einem unüberlegten Kauf. Das weiche Fellbündel mit dem drolligen Gesichtchen wird sehr schnell eine ganz normale, erwachsene Katze, die gewissenhaft jeden Tag gepflegt werden muß. Der Züchter sollte die Interessenten genau nach ihren Lebensgewohnheiten befragen, ob beispielsweise auch die Unterbringung in der Urlaubszeit geregelt ist. Schließlich hat der gewissenhafte Züchter seine kleinen Perserkätzchen nicht mit so viel Liebe, Mühe und hohem finanziellen Aufwand, der in den meisten Fällen auch durch einen relativ hohen Kaufpreis nicht ausgeglichen ist, aufgezogen, um sie dann später als lästig gewordenes Statussymbol von einer Hand in die andere wandern zu sehen. Es hat sich für beide, Züchter wie Käufer, als günstig herausgestellt, wenn über den Kauf der Katze ein Kaufvertrag ausgeschrieben wird.

Statt eines Nachworts

Es gibt Polizeihunde. Aber keine Polizeikatzen. Katzen haben anderes zu tun. Im Wesentlichen: nichts. Dabei sollten wir sie nicht stören. Das Leben und eine Katze, das hat schon Rilke zu schätzen gewußt: das Leben und dazu eine Katze – das gibt eine unglaubliche Summe, ich schwör's euch!

Hermann Stange

Anschriften, die man kennen sollte:

1. Deutscher Edelkatzenzüchter-Verband e.V.
(1. DEKZV)
Friedrichstraße 48
6200 Wiesbaden

Deutsches Grünes Kreuz (DGK)
Schuhmarkt
3550 Marburg/Lahn

Dankeschön

Ganz herzlichen Dank an all die Züchter, die die schönen Fotos für dieses Buch zur Verfügung gestellt haben. Besonderen Dank aber an Frau Hackmann vom 1. DEKZV und Hermann Stange.

Bildnachweis

Titelbild: Züchter: Ruff, Stuttgart; Foto: Dr. Grasser, Stuttgart. Seite 41: Züchter: Garms, Mannheim; Besitzer, Foto: Foschiani-Seyfried, Stuttgart. Seiten 36, 46: Züchter: Geffers; Besitzer: Ruff, Stuttgart; Foto: Dr. Grasser, Stuttgart. Seiten 13, 24, 29: Züchter, Besitzer: Kurschat, Villingen; Foto: Grimm, Bietigheim-Bissingen. Seite 17: Besitzer, Foto: Monthofer, Horst-Hahnenkamp. Seiten 37, 57: Züchter, Foto: Ruff, Stuttgart; Besitzer: Borkhart, Stuttgart. Seite 25: Züchter: Ruff, Stuttgart; Besitzer: Rohr, Stuttgart; Foto: Dr. Grasser, Stuttgart. Seite 28: Züchter: Ruff, Stuttgart; Besitzer, Foto: Zagroll, Stuttgart. Seiten 8, 53: Züchter: Schaarvogel, Stuttgart; Foto: Foschiani-Seyfried, Stuttgart. Seite 40: Züchter: Schaarvogel, Stuttgart; Foto: Foschiani-Seyfried, Stuttgart. Seiten 9, 20: Züchter: Schaarvogel, Stuttgart; Foto: Dr. Grasser, Stuttgart. Seite 49: Besitzer: Scholten, Stuttgart; Foto: Dr. Grasser, Stuttgart. Seite 52: Züchter, Besitzer: Sinn, Bretzfeld; Foto: Lussem, Öhringen. Seite 33: Züchter, Besitzer: Steeger, Hartenholm; Foto: Hinz, Wedel. Seite 45: Züchter: Taueberhahn; Besitzer, Foto: Sinn, Bretzfeld. Seite 61: Züchter: Tronsberg; Besitzer: Schaarvogel, Stuttgart; Foto: Dr. Grasser, Stuttgart.